Dayanılmaz Sebze Köfte Yemek Kitabı

Her Damak İçin 100 Besleyici ve Lezzetli Bitki Köfte

Kerem Kurt

telif hakkı Malzeme ©2023

Tüm Haklar Rezerve

Kuyu bunun bir parçası kitap Mayıs olmak oturdu at iletilen içinde herhangi formlar at istemek herhangi araç olmadan the temiz yazılı rızası _ _ Yayımcı Ve telif hakkı mal sahibi hariç için kısa bilgi alıntılar oturdu içinde Ve gözden geçirmek. Bu kitap meli notlar olmak dikkate alınan Ve yerine geçmek için tıbbi yasal olarak at diğer profesyonel _ _ tavsiye.

İÇİNDEKİLER _

İÇİNDEKİLER _...3
GİRİİŞ...7
SEBZELİ KÖFTE..9
1. Kırmızı Pancar Köfte...10
2. Yeşil Mercimek Sebzeli Köfte....................................12
3. Kopyacı Ikea Vejetaryen Topları................................14
4. Otlu Kinoa Köfte...16
5. Siyah Fasulye Köfte..18
6. Yulaf & Sebze Köfte...20
7. Beyaz Fasulye ve Cevizli Köfte.................................22
8. Nohut ve Havuçlu Köfte...24
9. Izgara Bulgur & Mercimek Köfte..............................26
10. Mantarlı Tofu Köfte..28
11. Mercimek, Bezelye ve Havuç Köfte........................30
12. Mantarlı & Sebzeli Köfte...32
13. Tex-Mex Sebzeli Köfte...34
14. ızgara fasulye köftesi..37
15. soğan yulaf köfteler..39
16. Yabani mantar köftesi...41
17. Tofu Tahinli Sebzeli Köfte.......................................43
18. Siyah Fasulye ve Fıstık Köfte..................................45
19. Vegan Pastırmalı Köfte...47
20. Arpa Yulaf Köfte...49
21. Tempe & Cevizli Köfte...51
22. Karışık Fasulye Yulaflı Köfte..................................53
23. Tempe & Cevizli Köfte...55
24. Macadamia-Ca rrot köfteler.....................................57
25. Körili Leblebi Köfte...59
26. Mayonezli Barbunya Köfte......................................61
27. Mercimek, Mantar & Pirinç Köfte..........................63
28. Shiitake ve Yulaf Köfte..65
29. Yulaf & Vegan Mozzarella Köfte............................67

30. Cevizli ve Sebzeli Köfte 69
31. Fas Yam Sebzeli Köfte 71
32. Mercimek, fıstık ve shiitake köfte 74
33. Yüksek Proteinli Vegan Köfte 77
34. Tofu topları 80
35. Karnabahar, Fasulye ve Ispanaklı Köfte 82
36. Fırında vegan köfte 84
37. Mantarlı ve Kajulu Parmesanlı Köfte 86
38. Cremini & Mercimek Köfte 88
39. Limonlu Kekik Köfte 90
40. Riracha Nohut Köfte ile 92
41. Vegan Mantar Köfte 94
42. ve köfte ile spagetti 96
43. Tempeh ve Soğan Köfte 98
44. Mercimek ve Mantar Köfte 101
45. Tatlı Patates ve Siyah Fasulye Köfte 103
46. Karnabahar ve Nohut Köfte 105
47. Kabak ve Kinoa Köfte 107
48. Ispanaklı ve Beyaz Köfte 109
49. Brokoli ve Cheddarlı Köfte 111
50. Havuçlu ve Nohutlu Köfte 113
51. Mantarlı Cevizli Köfte 115
52. Pancar ve Kinoa Köfte 117
53. Kinoa ve Mısır Köftesi 119
54. Patlıcan ve Nohut Köfte 121
55. Patates ve Bezelye Köfte 123
56. Mısır ve Kırmızı Biber Köfte 125
57. Balkabagi ve Adaçayı Köfte 127
58. Karalahana ve Beyaz Fasulye Köfte 129
59. Kinoa ve Ispanak Köfte 131
60. Karnabahar ve Kinoa Köfte 133
61. Nohutlu Ispanaklı Köfte 135
62. Tatlı Patates ve Nohut Köfte 137
63. Mantar ve Mercimek Köfte 139
64. Havuçlu Kabak Köfte 141

65. Kinoa ve Mantar Köfte..143
66. Siyah Fasulye ve Mısır Köftesi.....................................145
67. Brokoli ve Cheddar Peynirli Köfte...............................147
68. Karnabahar ve Peynirli Köfte......................................149
69. Biberiyeli Mantarlı ve Cevizli Köfte...........................151
SEBZELİ KÖFTE..153
70. Rokalı Kırmızı Pancar Burger......................................154
71. Pekan- Mercimek Köftesi..157
72. Siyah Fasülye Hamburgerleri......................................159
73. Yulaflı ve Sebzeli Börek...161
74. Beyaz Fasulye ve Cevizli Köfte..................................163
75. Garbanzo fasulye burgerleri.......................................165
76. Bulgur mercimekli sebzeli köfte.................................167
77. Mantarlı tofu köftesi...169
78. Mercimek, Bezelye & Havuç Böreği..........................171
79. hızlı sebze köftesi..173
80. Tex-Mex sebzeli köfte..175
81. sebzeli fasulye köftesi..177
82. soğan yulaf köfteler...179
83. Yabani mantar köftesi...181
84. Tofu Tahin sebze köftesi..183
85. Siyah Fasulye ve Fıstık Izgaraları..............................185
86. Arpa Yulaf ve Kereviz köftesi....................................187
87. Tempeh ve Soğan köftesi...189
88. Karışık Fasulye ve Yulaflı Köfte...............................191
89. Tempe & Cevizli Köfte..193
90. Macadamia-Kaju Köftesi..195
91. Altın Leblebi Burger..197
92. Körili Nohut Köftesi..199
93. Mayonezli Barbunya Köftesi......................................201
94. Mercimek pirinç burger ile..204
95. Shiitake ve Yulaf Böreği...206
96. yulaf , Bir yumurta ve mozzarella köftesinde............208
97. Cevizli ve sebzeli köfte...210
98. Faslı Yam Sebzeli Burgerler......................................212

99. Mercimek, fıstık ve shiitake burger..............215
100. Yüksek Proteinli Vegan Burgerler...............218
ÇÖZÜM..221

GİRİİŞ

Sebze köftesi dünyasına hoş geldiniz! Bu yemek kitabında sizi bitki bazlı köftelerin lezzetli ve sağlıklı olanaklarını keşfetmeye davet ediyoruz. Sebze köfteleri, geleneksel köftelere besleyici bir alternatif sunarken, sebzelerin tat ve dokularının tadını çıkarmanın yaratıcı ve tatmin edici bir yolunu sunar. Bu yemek kitabı, sebze köftesi sanatında ustalaşmak ve hem veganları hem de et severleri memnun edecek besleyici ve lezzetli yemekler yaratmak için rehberiniz.

Sebze köfteleri, bitki bazlı bileşenlerin çok yönlülüğünün ve bolluğunun bir kanıtıdır. Mercimek ve nohuttan mantar ve kinoaya kadar lezzetli köfte alternatifleri yaratmanın olanakları sonsuzdur. Bu yemek kitabında, hem doyurucu hem de besleyici, ağız sulandıran lokmalar yaratmak için farklı sebzeleri, tahılları ve baharatları birleştiren bir tarif koleksiyonu sunarak sebze köftelerinin zenginliğini ve çeşitliliğini kutluyoruz.

Bu sayfalarda, sebze köftelerinin yaratıcılığını ve lezzetlerini sergileyen tarifler hazinesini keşfedeceksiniz. Bitkisel bir dokunuşa sahip klasik İtalyan usulü köftelerden, çeşitli otlar ve baharatlar içeren dünyadan ilham alan kreasyonlara kadar, damak tadınızı lezzetli bir yolculuğa çıkaracak bir koleksiyon hazırladık. Her tarif, tatmin edici ve eğlenceli bir yemek deneyimi sağlamak için size tatların, dokuların ve besinlerin dengeli bir kombinasyonunu sağlamak üzere tasarlanmıştır.

Ancak bu yemek kitabı, sebze köftesi tariflerinin bir derlemesinden daha fazlasıdır. Bitki bazlı malzemeler kullanarak köfte benzeri dokular ve tatlar yaratma sanatında size rehberlik edeceğiz, bağlayıcı maddeler ve çeşniler hakkında ipuçları sunacağız ve mükemmel doku ve kıvamı elde etmek için teknikleri paylaşacağız. İster tecrübeli bir bitki bazlı aşçı olun, ister sebze köfteleri dünyasında yeni olun, amacımız, damak tadınıza hitap edecek ve vücudunuzu besleyecek lezzetli ve sağlıklı yemekler yaratmanıza yardımcı olmaktır.

Bu nedenle, ister geleneksel köftelere daha sağlıklı bir alternatif arıyor, ister bitki bazlı yemeyi keşfediyor veya sadece diyetinize daha fazla sebze dahil etmek istiyor olun, "Bahçeden Tabağa: Sebze Köfte Yemek Kitabı" rehberiniz olsun. Sebze köftelerinin yaratıcılığının ve lezzetlerinin tadına varmaya ve bitki bazlı malzemelerin bolluğunu ve çok yönlülüğünü kutlayan lezzetli bir yolculuğa çıkmaya hazırlanın.

SEBZELİ KÖFTE

1. Kırmızı Pancar Köfte

İÇİNDEKİLER:

- 15 ons Açık Kırmızı Barbunya Fasulyesi
- 2 ½ yemek kaşığı sızma zeytinyağı
- 2 ½ *ons* Cremini Mantar
- 1 kırmızı soğan
- ½ fincan pişmiş kahverengi pirinç
- ¾ bardak Çiğ Pancar
- 1/3 su bardağı Kenevir Tohumu
- 1 çay kaşığı öğütülmüş karabiber
- ½ çay kaşığı deniz tuzu
- ½ çay kaşığı Öğütülmüş Kişniş Tohumu
- 1 vegan yumurta ikamesi

TALİMATLAR:

- Fırını 375 ° F'ye ısıtın. Barbunyaları bir karıştırma kabında güzelce ezin ve kenara alın.
- Yağı yapışmaz bir tavada orta ateşte ısıtın.
- Mantarları ve soğanı ekleyin ve yumuşayana kadar yaklaşık 8 dakika soteleyin.
- Sebze karışımını fasulye ile karıştırma kabına aktarın.
- Pirinç, pancar, kenevir tohumu, biber, tuz ve kişnişi bir araya gelinceye kadar karıştırın.
- Vegan yumurta ikame maddesini ekleyin ve iyice birleşene kadar karıştırın.
- Karışımı dört top haline getirin ve ağartılmamış parşömen kağıdıyla kaplı bir fırın tepsisine yerleştirin.
- Köftelerin üzerine ½ yemek kaşığı sıvı yağı parmak uçlarınızla hafifçe vurun.
- 1 saat pişirin. Her bir köfteyi çok nazikçe çevirin ve yaklaşık 20 dakika daha gevrek, sert ve kızarana kadar pişirin.

2.Yeşil Mercimek Sebzeli Köfte

İÇİNDEKİLER:

- 1 sarı soğan ince doğranmış
- Soyulmuş ve doğranmış 1 büyük havuç
- 4 diş kıyılmış sarımsak
- 2 su bardağı haşlanmış yeşil mercimek
- 2 yemek kaşığı domates salçası
- 1 çay kaşığı kekik
- 1 çay kaşığı kuru fesleğen
- $\frac{1}{4}$ bardak besleyici maya
- 1 çay kaşığı deniz tuzu
- 1 su bardağı kabak çekirdeği

TALİMATLAR:

- Bir mutfak robotunda, tüm malzemeleri birleştirin.
- Biraz doku bırakarak birleştirmek için darbe.
- Mercimekleri 4 köfte haline getirin.

3.Kopyacı Ikea Vejetaryen Topları

İÇİNDEKİLER:

- 1 konserve nohut
- 1 su bardağı donmuş ıspanak
- 3 havuç
- ½ dolmalık biber
- ½ su bardağı Konserve Mısır
- 1 su bardağı yeşil bezelye
- 1 Soğan
- 3 diş sarımsak
- 1 su bardağı yulaf unu
- 1 yemek kaşığı zeytinyağı
- Baharat

TALİMATLAR:

- Tüm sebzeleri bir mutfak robotuna ekleyin ve ince bir şekilde doğranana kadar nabız atın.
- Şimdi donmuş fakat çözülmüş veya taze ıspanağı, kurutulmuş adaçayı ve kuru maydanozu ekleyin.
- Birleştirilene kadar konserve nohut ve Pulse ekleyin.
- 1-2 dakika karıştırarak pişirin.
- Sebze topları yapın, kepçe bir top ve ellerinizle şekillendirin.
- Topları parşömen kağıdına veya fırın tepsisine yerleştirin.
- Çıtır bir kabuk oluşana kadar 20 dakika pişirin.

4.Otlu Kinoa Köfte

İÇİNDEKİLER:

- 2 su bardağı pişmiş kinoa
- ¼ fincan vegan parmesan peyniri, rendelenmiş
- ¼ fincan vegan asiago peyniri, rendelenmiş
- ¼ fincan taze fesleğen, kıyılmış
- 2 yemek kaşığı taze kişniş, kıyılmış
- 1 çay kaşığı taze kekik, kıyılmış
- ½ çay kaşığı taze kekik
- 3 küçük diş sarımsak, ince kıyılmış
- 1 büyük yumurta
- 2 büyük tutam koşer tuzu
- ½ çay kaşığı karabiber
- ¼ bardak İtalyan baharatlı ekmek kırıntıları
- 1 tutam ila ¼ çay kaşığı ezilmiş kırmızı biber gevreği

TALİMATLAR:

- Tüm malzemeleri geniş bir kapta karıştırın.
- Önceden ısıtılmış tavaya biraz zeytinyağı dökün.
- Golf topundan biraz daha küçük bir köfte oluşturun ve köfteyi tavaya koyun.
- Tavada veya kenarlı fırın tepsisinde pişirin ve önceden ısıtılmış fırında 25 dakika pişirin.

5.Siyah Fasulye Köfte

İÇİNDEKİLER:

- 3 yemek kaşığı zeytinyağı
- ½ fincan kıyılmış soğan
- 1 diş sarımsak, kıyılmış
- 1½ su bardağı siyah fasulye
- 1 yemek kaşığı kıyılmış taze maydanoz
- ½ su bardağı kuru baharatsız panko
- ¼ bardak buğday gluteni unu
- 1 çay kaşığı füme kırmızı biber
- ½ çay kaşığı kuru kekik
- Tuz ve taze çekilmiş karabiber

TALİMATLAR:

- Bir tavada 1 çorba kaşığı yağı ısıtın ve birkaç dakika ısıtın.
- Soğanı ve sarımsağı ekleyin ve yaklaşık 5 dakika yumuşayana kadar pişirin.
- Soğan karışımını bir mutfak robotuna aktarın.
- Fasulye, maydanoz, panko , un, kırmızı biber, kekik ve tadına göre tuz ve karabiber ekleyin.
- Biraz doku bırakarak iyice birleşene kadar işleyin.
- Karışımı 4 eşit köfte haline getirin ve 20 dakika buzdolabında bekletin.
- Bir tavada kalan 2 yemek kaşığı yağı orta ateşte ısıtın.
- Köfteleri ekleyin ve her iki tarafı da kızarana kadar pişirin, bir kez çevirin, her tarafta yaklaşık 5 dakika.

6.Yulaf & Sebze Köfte

İÇİNDEKİLER:
- 2 yemek kaşığı artı 1 çay kaşığı zeytinyağı
- 1 soğan, doğranmış
- 1 havuç, rendelenmiş
- 1 su bardağı tuzsuz karışık kuruyemiş
- ¼ bardak buğday gluteni unu
- ½ bardak eski moda yulaf, artı gerekirse daha fazlası
- 2 yemek kaşığı kremalı fıstık ezmesi
- 2 yemek kaşığı kıyılmış taze maydanoz
- ½ çay kaşığı tuz
- ¼ çay kaşığı taze çekilmiş karabiber

TALİMATLAR:
- Bir tavada, 1 çay kaşığı yağı orta ateşte ısıtın.
- Soğanı ekleyin ve yumuşayana kadar yaklaşık 5 dakika pişirin. Havucu karıştırın ve bir kenara koyun.
- Bir mutfak robotunda, fındıkları doğranana kadar çekin.
- Un, yulaf, fıstık ezmesi, maydanoz, tuz ve karabiber ile birlikte soğan-havuç karışımını ekleyin. İyice karışana kadar işleyin.
- Karışımı 4 eşit Köfte şekline getirin.
- Bir tavada kalan 2 yemek kaşığı yağı kızdırın, köfteleri ekleyin ve her iki tarafı da yaklaşık 5 dakika kızarana kadar pişirin.

7.Beyaz Fasulye ve Cevizli Köfte

İÇİNDEKİLER:

- ¼ fincan doğranmış soğan
- 1 diş sarımsak, ezilmiş
- 1 su bardağı ceviz parçaları
- 1 su bardağı konserve veya pişmiş beyaz fasulye
- 1 su bardağı buğday gluteni unu
- 2 yemek kaşığı kıyılmış taze maydanoz
- 1 yemek kaşığı soya sosu
- 1 çay kaşığı Dijon hardalı, artı servis için daha fazlası
- ½ çay kaşığı tuz
- ½ çay kaşığı öğütülmüş adaçayı
- ½ çay kaşığı tatlı kırmızı biber
- ¼ çay kaşığı zerdeçal
- ¼ çay kaşığı taze çekilmiş karabiber
- 2 yemek kaşığı zeytinyağı

TALİMATLAR:

- Bir mutfak robotunda soğan, sarımsak ve cevizleri birleştirin ve ince bir şekilde öğütülene kadar işleyin.
- Fasulyeleri bir tavada ısıtıp karıştırarak 1 ila 2 dakika nemin buharlaşması için pişirin.
- Fasulyeleri un, maydanoz, soya sosu, hardal, tuz, adaçayı, kırmızı biber, zerdeçal ve karabiberle birlikte mutfak robotuna ekleyin.
- İyice karışana kadar işleyin. Karışımı 4 eşit Köfte şekline getirin.
- Bir tavada, yağı orta ateşte ısıtın.
- Köfteleri ekleyin ve her iki tarafı da yaklaşık 5 dakika kızarana kadar pişirin.

8.Nohut ve Havuçlu Köfte

İÇİNDEKİLER:
- 2 su bardağı ezilmiş nohut
- 1 adet kereviz sapı, ince kıyılmış
- 1 adet Havuç, ince kıyılmış
- $\frac{1}{4}$ Soğan, kıyılmış
- $\frac{1}{4}$ su bardağı tam buğday unu
- Tatmak için biber ve tuz
- 2 çay kaşığı Yağ

TALİMATLAR:
- Yağ hariç malzemeleri bir kapta karıştırın.
- 6 Köfte şekli verin.
- Yağlanmış bir tavada orta-yüksek ateşte köftelerin her iki tarafı da altın rengi olana kadar kızartın.

9.Izgara Bulgur & Mercimek Köfte

İÇİNDEKİLER:

- 2 su bardağı Haşlanmış mercimek
- 1 su bardağı Füme Portobello mantarı,
- 1 su bardağı bulgur
- 2 diş kavrulmuş sarımsak,
- 2 yemek kaşığı ceviz yağı
- ¼ çay kaşığı Tarhun, kıyılmış
- Tatmak için biber ve tuz

TALİMATLAR:

- Bir odun veya kömür ızgarası hazırlayın ve köz haline gelmesine izin verin.
- Bir karıştırma kabında mercimekleri pürüzsüz olana kadar ezin.
- Tüm malzemeleri ekleyin ve iyice birleşene kadar karıştırın.
- En az 2 saat buzdolabında bekletin. Köfte şekli verin.
- Köfteleri zeytinyağı ile fırçalayın ve her iki tarafta 6 dakika veya bitene kadar ızgara yapın.

10. Mantarlı Tofu Köfte

İÇİNDEKİLER:

- ½ su bardağı yulaf ezmesi
- 1¼ su bardağı iri kıyılmış badem
- 1 yemek kaşığı zeytinyağı veya kanola yağı
- ½ bardak Doğranmış yeşil soğan
- 2 çay kaşığı Kıyılmış sarımsak
- 1½ su bardağı Kıyılmış Cremini
- ½ fincan Pişmiş kahverengi basmati
- ⅓ su bardağı Vegan çedar peyniri
- ⅔ fincan Püresi sert tofu
- 1 vegan yumurta ikamesi
- 3 yemek kaşığı kıyılmış maydanoz
- ½ su bardağı kuru panko

TALİMATLAR:

- Yağı bir sote tavasında ısıtın ve soğan, sarımsak ve mantarları yumuşayana kadar soteleyin.
- Yulafı ekleyin ve sürekli karıştırarak 2 dakika daha pişirmeye devam edin.
- Soğan karışımını pirinç, vegan peyniri, tofu ve vegan yumurta ikamesi ile birleştirin.
- Maydanoz, panko ve badem ve birleştirmek için karıştırın. Tuz ve karabiberle tatlandırın.
- 6 köfte şekli verin ve dışı altın ve gevrek olana kadar soteleyin veya kızartın.

11.Mercimek, Bezelye ve Havuç Köfte

İÇİNDEKİLER:
- ½ Doğranmış Soğan
- ½ su bardağı Haşlanmış Yeşil Mercimek
- ⅓ su bardağı Haşlanmış bezelye
- 1 rendelenmiş havuç
- 1 yemek kaşığı Kıyılmış Taze Maydanoz
- 1 çay kaşığı Tamari
- 2 bardak panko
- ¼ bardak Un
- 1 vegan yumurta ikamesi

TALİMATLAR:
- Soğanı yumuşayana kadar soteleyin Un hariç tüm malzemeleri karıştırın ve soğumaya bırakın.
- Karışımı köfte haline getirin ve bir tavada kızartın.

12.Mantarlı & Sebzeli Köfte

İÇİNDEKİLER:

- 10 ons Sebzeler, karışık, dondurulmuş
- 1 vegan yumurta ikamesi
- tutam tuz ve karabiber
- ½ su bardağı Mantar, taze, doğranmış
- ½ fincan panko
- 1 Soğan, dilimlenmiş

TALİMATLAR:

- Fırını 350 dereceye ısıtın.
- Sebzeleri yumuşayana kadar buharda pişirin
- Kenara koyun, serin.
- Buğulanmış sebzeleri ince ince doğrayın ve vegan yumurta, tuz, karabiber, mantar ve panko ile karıştırın .
- Karışımı köfte haline getirin.
- Hafif yağlanmış fırın tepsisine, üzerine soğan dilimlerini serpiştirdiğiniz köfteleri dizin.
- Bir kez çevirerek, her iki tarafı da kızarana ve çıtır çıtır olana kadar yaklaşık 45 dakika pişirin.

13. Tex-Mex Sebzeli Köfte

İÇİNDEKİLER:
- 15¼ ons Konserve bütün çekirdek mısır
- ½ fincan Sıvı saklıdır
- ½ su bardağı mısır unu
- ½ su bardağı Soğan, ince kıyılmış
- ⅓ fincan kırmızı dolmalık biber, ince kıyılmış
- ½ çay kaşığı Kireç kabuğu rendesi, rendelenmiş
- ¼ su bardağı Haşlanmış beyaz pirinç
- 3 yemek kaşığı Taze kişniş, doğranmış
- 4 çay kaşığı Jalapeno şili biberi
- ½ çay kaşığı öğütülmüş kimyon
- 4 un ekmeği, 9-10 inç

TALİMATLAR:
- ½ su bardağı mısır tanelerini ve 1 yemek kaşığı mısır ununu bir işlemcide nemli topaklar oluşana kadar karıştırın.
- ¾ fincan mısır taneleri ekleyin ve 10 saniye boyunca işleyin
- Mısır karışımını ağır, yapışmaz bir tencereye aktarın.
- ½ su bardağı mısır sıvısı, soğan, dolmalık biber ve misket limonu kabuğu ekleyin.
- Örtün ve çok düşük ateşte kalın ve sert olana kadar sık sık karıştırarak 12 dakika pişirin.
- Pirinç, kişniş, jalapeño, tuz ve kimyonla karıştırın.
- Karışımın ¼'ünü 4 parça folyonun her birine bırakın ve parçaları ¾ inç kalınlığında köfteler halinde bastırın.
- Barbekü hazırlayın.
- Köftelerin her iki tarafına da yapışmaz sprey sıkın ve gevrek olana kadar her bir tarafta yaklaşık 5 dakika ızgara yapın.

- Ekmeği bükülene kadar, her bir tarafta yaklaşık 30 saniye ızgara yapın

14. ızgara fasulye köftesi

İÇİNDEKİLER:

- 2 ons Pişmiş karışık fasulye
- 1 Soğan, ince kıyılmış
- 1 Havuç, ince rendelenmiş
- 1 çay kaşığı sebze özü
- 1 çay kaşığı Kurutulmuş karışık otlar
- 1 ons bütün yemek panko

TALİMATLAR:

- Tüm malzemeleri bir mutfak robotu veya karıştırıcıda neredeyse pürüzsüz olana kadar karıştırın.
- 4 kalın köfte şekli verin ve iyice soğutun.
- Fırçayla yağlayın ve bir veya iki kez çevirerek yaklaşık 15 dakika ızgara veya barbekü yapın.
- Susam sosunda sos, salata ve patates kızartması ile servis yapın.

15.soğan yulaf köfteler

İÇİNDEKİLER:

- 4 su bardağı Su
- ½ bardak Tuzu azaltılmış soya sosu
- ½ su bardağı Beslenme mayası
- 1 Adet doğranmış kuru soğan
- 1 yemek kaşığı Kekik
- ½ yemek kaşığı Sarımsak tozu
- 1 yemek kaşığı kuru fesleğen
- 4½ su bardağı Eski moda yulaf ezmesi

TALİMATLAR:

- Yulaf hariç tüm malzemeleri kaynatın.
- Isıyı düşük seviyeye getirin ve 4½ bardak yulaf ezmesini karıştırın.
- Yaklaşık 5 dakika suyunu çekene kadar pişirin.
- Dikdörtgen yapışmaz bir fırın tepsisini karışımla doldurun
- 350 F.'de 25 dakika pişirin.
- Sonra onları 4 "kare Köfte halinde kesin ve ters çevirin.
- 20 dakika daha pişirin.
- Ana yemek olarak servis yapın, sıcak veya soğuk.

16.Yabani mantar köftesi

İÇİNDEKİLER:
- 2 çay kaşığı zeytinyağı
- 1 Sarı soğan, ince kıyılmış
- 2 Arpacık, soyulmuş ve kıyılmış
- $\frac{1}{8}$ çay kaşığı Tuz
- 1 su bardağı kuru şitaki mantarı
- 2 bardak Portobello mantarları
- 1 paket Tofu
- ⅓ bardak Kızarmış buğday tohumu
- ⅓ fincan panko
- 2 yemek kaşığı Lite soya sosu
- 1 çay kaşığı Sıvı duman aroması
- $\frac{1}{2}$ çay kaşığı Granül sarımsak
- $\frac{3}{4}$ bardak hızlı pişen yulaf

TALİMATLAR:
- Soğan, arpacık soğan ve tuzu zeytinyağında yaklaşık 5 dakika soteleyin.
- Yumuşatılmış shiitake mantarlarını saplayın ve bir mutfak robotunda taze mantarlarla birlikte kıyın. Soğanlara ekleyin.
- Yapışmasını önlemek için ara sıra karıştırarak 10 dakika pişirin.
- Mantarları ezilmiş tofu ile karıştırın, kalan malzemeleri ekleyin ve iyice karıştırın.
- Yapışmaması ve köfte şeklini alması için eller ıslatılır.
- 25 dakika pişirin, 15 dakika sonra bir kez çevirin.

17.Tofu Tahinli Sebzeli Köfte

İÇİNDEKİLER:

- 1 kiloluk sert tofu, süzülmüş
- 1½ su bardağı çiğ yulaf ezmesi
- ½ su bardağı rendelenmiş havuç
- 1 adet yemeklik doğranmış kuru soğan
- 1 yemek kaşığı tahin az ya da çok
- 1 yemek kaşığı soya sosu

TALİMATLAR:

- Seçilen baharat ve otların bir karışımını ekleyin.
- Fırın tepsisine köfte şekli verin.
- 350 derecede 20 dakika pişirin, ters çevirin ve 10 dakika daha pişirin.

18.Siyah Fasulye ve Fıstık Köfte

İÇİNDEKİLER:

- 1 su bardağı TVP granülleri
- 1 bardak su
- 1 yemek kaşığı soya sosu
- 15 ons siyah fasulye konservesi
- $\frac{1}{2}$ su bardağı vital buğday gluteni unu
- $\frac{1}{4}$ fincan barbekü sosu
- 1 yemek kaşığı sıvı duman
- $\frac{1}{2}$ çay kaşığı karabiber
- 2 yemek kaşığı fıstık ezmesi

TALİMATLAR:

- TVP'yi su ve soya sosuyla mikrodalgaya uygun bir kapta karıştırarak, plastik sargıyla sıkıca kapatarak ve 5 dakika yüksek mikrodalgada ısıtarak sulandırın.
- İşlenecek kadar soğuduktan sonra sulandırılmış TVP'ye fasulye, buğday glüteni, barbekü sosu, sıvı duman, biber ve fıstık ezmesini ekleyin.
- Üniform olana ve çekirdeklerin çoğu püre haline gelene kadar ellerinizle ezin.
- 6 Köfte şekli verin.
- Mangalda ızgara yapın, ilerledikçe ilave barbekü sosu sürün, her bir tarafı yaklaşık 5 dakika.

19.Vegan Pastırmalı Köfte

İÇİNDEKİLER:

- 1 su bardağı TVP granülleri
- 2 yemek kaşığı biftek sosu
- 1 yemek kaşığı sıvı duman
- ¼ fincan kanola yağı
- 1/3 su bardağı fıstık ezmesi
- ½ su bardağı vital buğday gluteni unu
- ½ fincan vegan domuz pastırması parçaları
- ¼ bardak besleyici maya
- 1 yemek kaşığı kırmızı biber
- 1 yemek kaşığı sarımsak tozu
- 1 çay kaşığı öğütülmüş karabiber

TALİMATLAR:

- TVP'yi, suyu, biftek sosunu ve sıvı dumanı mikrodalgaya uygun bir kapta karıştırarak, plastik sargıyla sıkıca kapatarak ve 5 dakika yüksek mikrodalgada ısıtarak TVP'yi sulandırın.
- Yağ ve fıstık ezmesini TVP karışımına ekleyin.
- Bir karıştırma kabında buğday glüteni, vegan pastırma parçaları, maya, kırmızı biber, sarımsak tozu ve karabiberi karıştırın.
- TVP karışımını un karışımına ekleyin ve iyice karışana kadar yoğurun.
- Örtün ve 20 dakika bekletin.
- 4 ila 6 köfte haline getirin ve istediğiniz gibi hazırlayın.

20.Arpa Yulaf Köfte

İÇİNDEKİLER:

- 1 su bardağı konserve tereyağlı fasulye
- ¾ su bardağı bulgur, pişmiş
- ¾ fincan Arpa, pişmiş
- ½ fincan Hızlı yulaf ezmesi, pişmemiş
- 1½ yemek kaşığı Soya sosu
- 2 yemek kaşığı barbekü sosu
- 1 çay kaşığı kuru fesleğen
- ½ su bardağı Soğan, ince kıyılmış
- 1 diş sarımsak, ince kıyılmış
- 1 Sap kereviz, doğranmış
- 1 çay kaşığı Tuz
- zevkinize biber

TALİMATLAR:

- Bir çatal veya patates ezici ile fasulyeleri hafifçe ezin.
- Geri kalan malzemeleri ekleyin ve 6 köfte oluşturun.
- Tavaya her iki tarafa da yağ ve kahverengi köfte püskürtün.

21. Tempe & Cevizli Köfte

İÇİNDEKİLER:

- 8 ons tempeh, ½ inçlik zarlar halinde kesin
- ¾ bardak doğranmış soğan
- 2 diş sarımsak, kıyılmış
- ¾ su bardağı kıyılmış ceviz
- ½ su bardağı eski moda veya çabuk pişen yulaf
- 1 yemek kaşığı kıyılmış taze maydanoz
- ½ çay kaşığı kurutulmuş kekik
- ½ çay kaşığı kuru kekik
- ½ çay kaşığı tuz
- ¼ çay kaşığı taze çekilmiş karabiber
- 3 yemek kaşığı zeytinyağı

TALİMATLAR:

- Kaynayan su dolu bir tencerede tempeh'i 30 dakika pişirin.
- Süzün ve soğuması için kenara alın.
- Bir mutfak robotunda soğan ve sarımsağı birleştirin ve kıyılmış olana kadar işleyin.
- Soğutulmuş tempeh, ceviz, yulaf, maydanoz, kekik, kekik, tuz ve karabiberi ekleyin.
- İyice karışana kadar işleyin. Karışımı 4 eşit Köfte şekline getirin.
- Bir tavada, yağı orta ateşte ısıtın.
- Köfteleri ekleyin ve her iki tarafı da 7 dakika kızarana kadar iyice pişirin.

22.Karışık Fasulye Yulaflı Köfte

İÇİNDEKİLER:
- 1 yemek kaşığı zeytinyağı
- 1 soğan, doğranmış
- 4 diş sarımsak, kıyılmış
- 1 havuç, rendelenmiş
- 1 çay kaşığı öğütülmüş kimyon
- 1 çay kaşığı pul biber
- zevkinize biber
- 15 *ons* barbunya fasulyesi, durulanır, süzülür ve püre haline getirilir
- 15 *ons* siyah fasulye, durulanmış, süzülmüş ve püre haline getirilmiş
- 1 yemek kaşığı ketçap
- 2 yemek kaşığı Dijon hardalı
- 2 yemek kaşığı soya sosu
- 1½ su bardağı yulaf
- ½ fincan salsa

TALİMATLAR:
- Isıtılmış bir tavaya zeytinyağını ekleyin.
- Soğanı sık sık karıştırarak 2 dakika pişirin.
- Sarımsağı karıştırın. Ardından 1 dakika pişirin.
- Havuç, öğütülmüş kimyon ve kırmızı biberi ekleyin.
- 2 dakika karıştırarak pişirin.
- Havuç karışımını bir kaseye aktarın.
- Püresi fasulye, ketçap, hardal, soya sosu ve yulafı ilave edin.
- Köfte şekli verin.
- Köfteleri her iki tarafta 4 ila 5 dakika ızgara yapın.

3. Tempe & Cevizli Köfte

İÇİNDEKİLER:

- 8 ons tempeh, ½ inçlik zarlar halinde kesin
- ¾ bardak doğranmış soğan
- 2 diş sarımsak, kıyılmış
- ¾ su bardağı kıyılmış ceviz
- ½ su bardağı eski moda veya çabuk pişen yulaf
- 1 yemek kaşığı kıyılmış taze maydanoz
- ½ çay kaşığı kurutulmuş kekik
- ½ çay kaşığı kuru kekik
- ½ çay kaşığı tuz
- ¼ çay kaşığı taze çekilmiş karabiber
- 3 yemek kaşığı zeytinyağı

TALİMATLAR:

- Kaynayan su dolu bir tencerede tempeh'i 30 dakika pişirin.
- Süzün ve soğuması için kenara alın.
- Bir mutfak robotunda soğan ve sarımsağı birleştirin ve kıyılmış olana kadar işleyin.
- Soğutulmuş tempeh, ceviz, yulaf, maydanoz, kekik, kekik, tuz ve karabiberi ekleyin.
- İyice karışana kadar işleyin. Karışımı 4 eşit Köfte şekline getirin.
- Bir tavada, yağı orta ateşte ısıtın.
- Köfteleri ekleyin ve iyice pişene ve her iki tarafı da kızarana kadar her bir tarafta yaklaşık 7 dakika pişirin.

24. Macadamia-Carrot köfteler

İÇİNDEKİLER:

- 1 su bardağı kıyılmış macadamia fıstığı
- 1 su bardağı kıyılmış kaju
- 1 havuç, rendelenmiş
- 1 soğan, doğranmış
- 1 diş sarımsak, kıyılmış
- 1 jalapeño veya başka bir yeşil şili, tohumlanmış ve kıyılmış
- 1 su bardağı eski moda yulaf
- 1 su bardağı kuru baharatsız badem unu
- 2 yemek kaşığı kıyılmış taze kişniş
- ½ çay kaşığı öğütülmüş kişniş
- Tuz ve taze çekilmiş karabiber
- 2 çay kaşığı taze limon suyu
- Kızartmak için kanola veya üzüm çekirdeği yağı

TALİMATLAR:

- Bir mutfak robotunda, tatmak için macadamia fıstığı, kaju fıstığı, havuç, soğan, sarımsak, şili, yulaf, badem unu, kişniş, kişniş ve tuz ve karabiberi birleştirin.
- İyice karışana kadar işleyin. Limon suyunu ekleyin ve iyice karışana kadar işleyin.
- Tadına bakın, gerekirse baharatları ayarlayın.
- Karışımı 4 eşit Köfte şekline getirin.
- Bir tavada, orta ateşte ince bir yağ tabakasını ısıtın.
- Köfteleri ekleyin ve her iki tarafı da kızarana kadar pişirin, toplamda yaklaşık 10 dakika bir kez çevirin.

25.Körili Leblebi Köfte

İÇİNDEKİLER:

- 3 yemek kaşığı zeytinyağı
- 1 soğan, doğranmış
- 1½ çay kaşığı sıcak veya hafif köri tozu
- ½ çay kaşığı tuz
- 1/8 çay kaşığı öğütülmüş kırmızı biber
- 1 su bardağı haşlanmış nohut
- 1 yemek kaşığı kıyılmış taze maydanoz
- ½ su bardağı buğday gluteni unu
- 1/3 su bardağı kuru baharatsız badem unu

TALİMATLAR:

- Bir tavada, 1 çorba kaşığı yağı orta ateşte ısıtın.
- Soğanı ekleyin, örtün ve yumuşayana kadar 5 dakika pişirin. 1 çay kaşığı köri tozu, tuz ve kırmızı biberi ilave edip ocaktan alın. Kenara koyun.
- Bir mutfak robotunda nohut, maydanoz, buğday gluteni unu, badem unu ve pişmiş soğanı birleştirin.
- Nohutlu karışımdan 4 eşit köfte haline getirin ve kenarda bekletin.
- Bir tavada kalan 2 yemek kaşığı yağı orta ateşte ısıtın.
- Köfteleri ekleyin, üzerini kapatın ve her iki tarafı da yaklaşık 5 dakika olmak üzere bir kez çevirerek her iki tarafı da altın rengi olana kadar pişirin.
- Bir kapta, kalan ½ çay kaşığı köri tozunu mayonez ile birleştirin ve karıştırın. karışır.

6.Mayonezli Barbunya Köfte

İÇİNDEKİLER:

- 1½ su bardağı pişmiş barbunya fasulyesi
- 1 arpacık soğan, kıyılmış
- 1 diş sarımsak, kıyılmış
- 2 yemek kaşığı kıyılmış taze kişniş
- 1 çay kaşığı Creole baharatı
- ¼ bardak buğday gluteni unu
- Tuz ve taze çekilmiş karabiber
- ½ su bardağı kuru baharatsız badem unu
- 2 çay kaşığı taze limon suyu
- 1 serrano şili, tohumlanmış ve kıyılmış
- 2 yemek kaşığı zeytinyağı

TALİMATLAR:

- Fazla nemi emmek için fasulyeleri kağıt havluyla kurulayın.
- Bir mutfak robotunda, tadına bakmak için fasulye, arpacık soğanı, sarımsak, kişniş, Creole çeşnisi, un ve tuz ve karabiberi birleştirin. İyice karışana kadar işleyin.
- Karışımı 4 eşit köfte haline getirin, gerekirse daha fazla un ekleyin.
- Köfteleri badem ununa bulayın. 20 dakika soğutun.
- Bir kasede mayonez, limon suyu ve serrano şili birleştirin.
- Tat vermek için tuz ve karabiber ekleyin, iyice karıştırın ve servis yapmaya hazır olana kadar buzdolabında saklayın.
- Bir tavada, yağı orta ateşte ısıtın.
- Köfteleri ekleyin ve her iki tarafı da yaklaşık 5 dakika kızarana ve çıtır çıtır olana kadar pişirin.

27.Mercimek, Mantar & Pirinç Köfte

İÇİNDEKİLER:

- ¾ bardak mercimek
- 1 Tatlı patatesler
- 10 taze ıspanak yaprakları
- 1 fincan Taze mantar, doğranmış
- ¾ fincan badem unu
- 1 çay kaşığı tarhun
- 1 çay kaşığı Sarımsak tozu
- 1 çay kaşığı maydanoz gevreği
- ¾ fincan Uzun taneli pirinç

TALİMATLAR:

- Pirinci pişene ve hafif yapışkan olana kadar ve mercimekleri yumuşayana kadar pişirin . Hafifçe soğutun.
- Soyulmuş bir tatlı patatesi ince ince kıyın ve yumuşayana kadar pişirin. Hafifçe soğutun.
- Ispanak yaprakları yıkanmalı ve ince kıyılmalıdır.
- Tüm malzemeleri ve baharatları karıştırın, tatmak için tuz ve karabiber ekleyin.
- 15-30 dk buzdolabında dinlendirin.
- Köfte haline getirin ve bir tavada veya sebze ızgarasında soteleyin.
- Bu Köfteler yapışma eğiliminde olacağından, bir tavayı Pam ile yağladığınızdan veya püskürttüğünüzden emin olun.

28.Shiitake ve Yulaf Köfte

İÇİNDEKİLER:

- 8 ons Haddelenmiş yulaf
- 4 ons vegan mozzarella peyniri
- 3 ons Shiitake mantarı doğranmış
- 3 ons Beyaz soğan doğranmış
- 2 diş kıyılmış sarımsak
- 2 ons kırmızı biber doğranmış
- 2 ons kabak zar

TALİMATLAR:

- Tüm malzemeleri bir mutfak robotunda birleştirin.
- Malzemeleri kabaca birleştirmek için açma/kapama düğmesine basın .
- Fazla karıştırmayın. Son karıştırma elle yapılabilir.
- Dört onsluk köfte haline getirin.
- Bir tavaya bir miktar zeytinyağı eklenir.
- Tava ısınınca Köfteleri ekleyin.
- Taraf başına bir dakika pişirin.

9.Yulaf & Vegan Mozzarella Köfte

İÇİNDEKİLER:

- ½ bardak Yeşil soğan, doğranmış
- ¼ su bardağı doğranmış yeşil biber
- ¼ fincan Maydanoz, kıyılmış
- ¼ çay kaşığı Beyaz biber
- 2 diş sarımsak, doğranmış
- ½ fincan Vegan Mozzarella peyniri, rendelenmiş
- ¾ bardak Kahverengi pirinç
- ⅓ su bardağı su veya beyaz şarap
- ½ su bardağı havuç, rendelenmiş
- ⅔ bardak Soğan, doğranmış
- 3 Kereviz sapı, doğranmış
- 1¼ çay kaşığı Baharat tuzu
- ¾ çay kaşığı Kekik
- ½ fincan Vegan Cheddar peyniri, rendelenmiş
- 2 bardak hızlı yulaf
- ¾ su bardağı bulgur

TALİMATLAR:

- Pirinç ve bulgur buğdayını pişirin.
- Sebzeleri kapalı bir tavada bir veya iki kez karıştırarak 3 dakika kavurun.
- İyice süzün ve peynir hafifçe eriyene kadar pirinç ve vegan peyniri ile karıştırın.
- Kalan malzemeleri karıştırın.
- 4 onsluk köfte haline getirin.
- Pişirme spreyi kullanarak ızgarada her biri yaklaşık 10 dakika pişirin.
- Ana yemek olarak servis yapın.

30.Cevizli ve Sebzeli Köfte

İÇİNDEKİLER:

- ½ kırmızı soğan
- 1 kereviz kabuğu
- 1 havuç
- ½ kırmızı dolmalık biber
- 1 su bardağı Ceviz, kavrulmuş, öğütülmüş
- ½ fincan panko
- ½ fincan Orzo makarna
- 2 vegan yumurta ikamesi
- Tuz ve biber
- avokado dilimleri
- Kırmızı soğan dilimleri
- Kedicik
- Hardal

TALİMATLAR:

- Soğan kereviz, havuç ve kırmızı dolmalık biberi yağda yumuşayana kadar soteleyin
- Sarımsak, fındık, kırıntıları ve pirinci ekleyin. Köfte şekli verin.
- Altın olana kadar yağda kızartın.
- Bir kasede birleştirin.

31. Fas Yam Sebzeli Köfte

İÇİNDEKİLER:

- 1½ su bardağı soyulmuş ve rendelenmiş yer elması
- 2 diş sarımsak, soyulmuş
- ¾ bardak taze kişniş yaprağı
- 1 parça taze zencefil, soyulmuş
- 15 ons nohut konservesi, süzülmüş ve durulanmış
- 3 yemek kaşığı su ile karıştırılmış 2 yemek kaşığı öğütülmüş keten
- ¾ su bardağı yulaf ezmesi, un haline getirilmiş
- ½ yemek kaşığı susam yağı
- 1 yemek kaşığı hindistancevizi aminosu veya düşük sodyumlu tamari
- ½ çay kaşığı ince taneli deniz tuzu veya pembe Himalaya tuzu, tatmak için
- Tatmak için taze çekilmiş karabiber
- 1½ çay kaşığı toz biber
- 1 çay kaşığı kimyon
- ½ çay kaşığı kişniş
- ¼ çay kaşığı tarçın
- ¼ çay kaşığı zerdeçal
- ½ su bardağı kişniş-kireç tahin sosu

TALİMATLAR:

- Fırını 350F'ye ısıtın.
- Bir fırın tepsisine bir parça parşömen kağıdı koyun.
- Sarımsak, kişniş ve zencefili ince ince doğrayın.
- Süzülmüş nohutları ekleyin ve ince kıyılmış olana kadar tekrar işleyin, ancak biraz doku bırakın. Bu karışımı bir kaseye alın.
- Bir kapta keten ve su karışımını karıştırın.

- Yulafı bir blender veya mutfak robotu kullanarak un haline getirin.
- Bunu keten karışımı ile birlikte karışıma karıştırın.
- Şimdi iyice birleşene kadar yağı, aminoları/tamariyi, tuzu/biberi ve baharatları ilave edin. İsterseniz tadı ayarlayın.
- 6-8 Köfte şekli verin, karışımı birbirine sıkıca sarın. Bir fırın tepsisine yerleştirin.
- 15 dakika pişirin, ardından dikkatlice çevirin ve altın rengi ve sertleşene kadar 18-23 dakika daha pişirin. Serin Bay

32. Mercimek, fıstık ve shiitake köfte

İÇİNDEKİLER:

- 3 arpacık soğan, doğranmış
- 2 çay kaşığı zeytinyağı
- ½ su bardağı siyah mercimek, durulanmış
- 6 adet kurutulmuş şitaki mantarı kapağı
- ½ bardak antep fıstığı
- ¼ fincan kıyılmış taze maydanoz
- ¼ fincan vital buğday glüteni
- 1 yemek kaşığı Ener-G, ⅛ su bardağı su ile çırpılmış
- 2 çay kaşığı kurutulmuş adaçayı
- ½ çay kaşığı tuz
- ¼ çay kaşığı kırık biber

TALİMATLAR:

- Doğranmış arpacık soğanları sıvı yağ ile kısık ateşte soteleyin. Kenara koyun.
- Üç bardak suyu kaynatın.
- Mercimekleri ve kurutulmuş shiitake kapaklarını ekleyin ve pişirme sırasında bir miktar buharın çıkması için tencerenin kapağını kapatın.
- 18-20 dakika kaynatın, ardından süzülmeleri ve soğumaları için ince gözenekli bir süzgecin içine dökün.
- Mercimeklerden shiitake'yi çıkarın ve sert sapları atarak küp küp doğrayın.
- Antep fıstığını bir mutfak robotuna koyun ve kabaca öğütün.
- Arpacık soğanları, mercimekleri, doğranmış shiitake kapaklarını, antep fıstığını ve maydanozu bir kaseye ekleyin ve iyice birleşene kadar karıştırın.
- Hayati buğday glütenini ekleyin ve karıştırın.

- Su/Energ-G karışımını ekleyin ve glutenin oluşmasını sağlamak için güçlü bir çatalla yaklaşık iki dakika karıştırın.
- Adaçayı ve tuz ve karabiber ekleyin ve iyice birleştirilene kadar karıştırın.
- Köfteleri kızartmak için, şekillendirirken karışımı hafifçe sıkarak Köfte şekli verin.
- Biraz zeytinyağı ile bir sote tavasında her iki tarafını 2-3 dakika veya hafifçe kızarana kadar kızartın.

33.Yüksek Proteinli Vegan Köfte

İÇİNDEKİLER:

- 1 su bardağı dokulu bitkisel protein
- ½ su bardağı pişmiş kırmızı barbunya
- 3 yemek kaşığı yağ
- 1 yemek kaşığı akçaağaç şurubu
- 2 yemek kaşığı domates salçası
- 1 yemek kaşığı soya sosu
- 1 yemek kaşığı besin mayası
- ½ çay kaşığı öğütülmüş kimyon
- Her biri ¼ çay kaşığı: kırmızı biber tozu, sarımsak tozu, soğan tozu, kekik
- ⅛ çay kaşığı sıvı duman
- ¼ bardak su veya pancar suyu
- ½ su bardağı vital buğday glüteni

TALİMATLAR:

- Bir tencereye su kaynatın.
- Dokulu bitkisel proteini ekleyin ve 10-12 dakika kaynamaya bırakın.
- TVP'yi boşaltın ve birkaç kez durulayın.
- Fazla nemi çıkarmak için TVP'yi ellerinizle sıkın.
- Bir mutfak robotunun kasesine pişmiş fasulye, yağ, akçaağaç şurubu, salça, soya sosu, besin mayası, baharatlar, sıvı duman ve suyu ekleyin.
- Kenarları kazıyarak 20 saniye işleyin ve bir püre oluşana kadar tekrar işleyin.
- Sulandırılmış TVP'yi ekleyin ve 7-10 saniye veya TVP iyice doğranana kadar işleyin.
- Karışımı bir karıştırma kabına aktarın ve hayati önem taşıyan buğday glütenini ekleyin.

- Karıştırın ve ardından glüteni geliştirmek için ellerinizle 2-3 dakika yoğurun.
- Karışımı 3'e bölün ve köfte şekli verin.
- Her bir köfteyi dikkatlice önce parşömen kağıdına sonra da alüminyum folyoya sarın.
- Sarılı köfteleri düdüklü tencereye koyun ve $1\frac{1}{2}$ saat basınçlı pişirin.
- Piştikten sonra köfteleri açın ve 10 dakika soğumaya bırakın.
- Köfteleri biraz sıvı yağda her iki tarafı da altın sarısı renk alana kadar kızartın.
- Köfte buzdolabında 4 güne kadar saklanacaktır.

34. Tofu topları

İÇİNDEKİLER:

- 6 su bardağı su; kaynamak
- 5 su bardağı Tofu; ufalanmış
- 1 su bardağı tam tahıllı ekmek kırıntısı
- ¼ bardak Tamari
- ¼ bardak Beslenme mayası
- ¼ fincan Fıstık ezmesi
- 1 yumurta için yumurta ikamesi
- ½ su bardağı Soğan; ince doğranmış
- 4 diş sarımsak; preslenmiş
- 1 çay kaşığı Kekik
- 1 çay kaşığı fesleğen
- ¼ çay kaşığı Kereviz tohumu
- ¼ çay kaşığı karanfil; zemin

TALİMATLAR:

- 1 su bardağı ufalanmış tofu hariç hepsini kaynayan suya atın. Tofuya basın.
- Kalan malzemeleri preslenmiş tofuya ekleyin ve iyice karıştırın.
- şekillendir ceviz büyüklüğünde toplar yapıp iyice yağlanmış tepsiye dizin.
- 350 derecede 20-25 dakika veya toplar sert ve kahverengi olana kadar pişirin.
- Gerekirse pişirme sırasında bir kez çevirin.

35.Karnabahar, Fasulye ve Ispanaklı Köfte

İÇİNDEKİLER:

- 9 ons karnabahar çiçeği, pişmiş
- 7 ons donmuş doğranmış ıspanak, çözülmüş
- 400g konserve siyah fasulye, süzülmüş
- 2 diş sarımsak, ezilmiş veya rendelenmiş
- 2 çay kaşığı soya sosu
- 1 çay kaşığı karışık kuru otlar

TALİMATLAR:

- Karnabahar çiçeklerini tencerede kaynayan suda haşlayın .
- Karnabaharı bir kaseye rendeleyin ve ardından ıspanak, fasulye, sarımsak, soya sosu ve karışık otları ekleyin.
- Kaba bir macun oluşturmak için karışımı bir patates ezici ile birlikte çalışın.
- Yulafı ince bir toz haline getirin , ardından kaseye ekleyin ve birleştirmek için karıştırın.
- Karışımı toplar halinde yuvarlayın .
- Sebze toplarını gruplar halinde kızarana kadar kızartın .

36. Fırında vegan köfte

İÇİNDEKİLER:

- 1 yemek kaşığı öğütülmüş keten tohumu
- ¼ su bardağı + 3 yemek kaşığı sebze suyu
- 1 büyük soğan, soyulmuş ve dörde bölünmüş
- 2 diş sarımsak, soyulmuş
- 1½ bitki etli köfte
- 1 su bardağı galeta unu
- ½ su bardağı vegan parmesan peyniri
- 2 yemek kaşığı taze maydanoz, ince kıyılmış
- Tatmak için biber ve tuz
- Pişirme yağı spreyi

TALİMATLAR:

- Bir mutfak robotuna soğan ve sarımsak ekleyin ve püre olana kadar karıştırın.
- Geniş bir karıştırma kabına keten yumurta, ¼ su bardağı sebze suyu, püre haline getirilmiş soğan ve sarımsak, İmkansız köfte bitki eti, galeta unu, vegan parmesan peyniri, maydanoz ve bir tutam tuz ve karabiber ekleyin. Birleştirmek için iyice karıştırın.
- Vegan köfte karışımından 32 top haline getirin.
- dizin ve fırında yaklaşık 10 dakika ya da kızarana kadar pişirin.

37.Mantarlı ve Kajulu Parmesanlı Köfte

İÇİNDEKİLER:

- 1 yemek kaşığı zeytinyağı
- 1 pound taze beyaz mantar
- 1 tutam tuz
- 1 yemek kaşığı tereyağı
- ½ su bardağı ince kıyılmış soğan
- 4 diş sarımsak, kıyılmış
- ½ su bardağı çabuk pişen yulaf
- 1 ons kaju parmesan
- ½ fincan ekmek kırıntısı
- ¼ fincan kıyılmış düz yapraklı maydanoz
- 2 yumurta, bölünmüş
- 1 çay kaşığı tuz
- tatmak için taze çekilmiş karabiber
- 1 tutam acı biber veya tatmak
- 1 tutam kurutulmuş kekik
- 3 su bardağı makarna sosu
- 1 yemek kaşığı kaju parmesan
- 1 yemek kaşığı kıyılmış düz yapraklı maydanoz

TALİMATLAR:

- Orta-yüksek ateşte bir tavada zeytinyağını ısıtın.
- Kızgın yağa mantarları ekleyin, tuz serpin ve mantarların sıvısı buharlaşana kadar karıştırarak pişirin.
- Tereyağını mantarlara karıştırın, ısıyı orta seviyeye indirin ve mantarları kızarana kadar yaklaşık 5 dakika pişirin ve karıştırın.

38. Cremini & Mercimek Köfte

İÇİNDEKİLER:

- 1 su bardağı kuru mercimek
- ¼ su bardağı zeytinyağı
- 1 soğan, yaklaşık 1 su bardağı doğranmış
- 8 ons Cremini mantarı
- 3 diş sarımsak, kıyılmış
- 1½ bardak Panko galeta unu
- Tutam İtalyan çeşnisi ve kırmızı biber
- 2½ çay kaşığı Tuz, bölünmüş
- 2 yumurta
- 1 su bardağı vegan parmesan peyniri

TALİMATLAR:

- Büyük bir kapta, 1 çay kaşığı İtalyan baharatı, 1 çay kaşığı tuz ve ¼ fincan zeytinyağı ile birlikte yarım domatesleri karıştırın.
- Mantarları mutfak robotunda bezelye büyüklüğüne gelene kadar çekin.
- Yağ kızınca soğanı ekleyin ve yarı saydam olana kadar yaklaşık 3 dakika soteleyin. Sarımsağı ve doğranmış mantarları ekleyip soteleyin.
- Büyük bir kapta mantarlı mercimek karışımını panko ekmek kırıntıları ve baharatlarla birleştirin.
- Toplar Oluşturun ve Pişirin.

39.Limonlu Kekik Köfte

İÇİNDEKİLER:

- 1 yemek kaşığı öğütülmüş keten tohumu
- 1 yemek kaşığı zeytinyağı, artı ekstra
- 1 küçük sarı soğan ve 3 diş sarımsak
- Tutam Kekik, Soğan Tozu, Tamari
- ½ çay kaşığı toz biber
- tatmak için deniz tuzu ve öğütülmüş karabiber
- 1½ yemek kaşığı limon suyu ve kabuğu rendesi
- 1 su bardağı ceviz yarısı
- ¾ su bardağı yulaf ezmesi
- 1½ su bardağı pişmiş beyaz fasulye
- ¼ bardak taze maydanoz ve ¼ bardak taze dereotu

TALİMATLAR:

- Küçük bir kapta, öğütülmüş keteni ve suyu birleştirin.
- Soğanları soteleyin ve sarımsak ve kekik ekleyin.
- Besin mayası, kırmızı biber, soğan tozu, tuz ve karabiberi tavaya ekleyin ve yaklaşık 30 saniye karıştırın.
- Onların limon suyunu dökün.
- Ceviz, fasulye ve yulafı kaba bir yemek olana kadar dövün.
- Keten jel karışımı, sotelenmiş soğan ve sarımsak karışımı, tamari, limon kabuğu rendesi, maydanoz, dereotu ve büyük tutam tuz ve karabiber ekleyin.
- Bir top haline getirin ve köfteleri 25 dakika pişirin.

40.Riracha Nohut Köfte ile

İÇİNDEKİLER:

- 1 yemek kaşığı keten tohumu unu
- 14 ons nohut konservesi, süzülmüş ve durulanmış
- 1 ½ su bardağı pişmiş farro
- ¼ fincan eski moda yulaf
- 2 diş sarımsak, preslenmiş
- 1 çay kaşığı ince rendelenmiş zencefil kökü
- ½ çay kaşığı tuz
- 1 yemek kaşığı sıcak şili susam yağı
- 1 yemek kaşığı sriracha

TALİMATLAR:

- Fırınınızı 400 derece Fahrenheit'e önceden ısıtın. Bir sac tavayı folyo ile hizalayın ve bir kenara koyun.
- Keten tohumu yemeklerini 3 yemek kaşığı su ile birleştirin; Akrep.
- 5 dakika dinlenmesi için kenara alın.
- Nohut, farro, yulaf, sarımsak, zencefil, tuz, susam yağı ve sriracha'yı büyük bir mutfak robotu veya blender kasesine koyun.
- Kalan keten yumurtasını dökün ve malzemeler birleşene kadar nabız atın.
- Karışımı bir çorba kaşığı top haline getirin ve pişirin.

41. Vegan Mantar Köfte

İÇİNDEKİLER:

- 1 yemek kaşığı öğütülmüş keten tohumu
- 3 yemek kaşığı su
- 4 ons bebek Bella mantarı
- ½ fincan doğranmış soğan
- 1 yemek kaşığı zeytinyağı bölünmüş
- ¼ çay kaşığı tuz
- 1 yemek kaşığı soya sosu
- 1 yemek kaşığı italyan baharatı
- 1 ons nohut konservesi süzülmüş
- 1 su bardağı sade galeta unu
- 1 yemek kaşığı besin mayası

TALİMATLAR:

- Mantarları kabaca doğrayın ve soğanı küp küp doğrayın.
- Orta boy bir tavada, orta-yüksek ateşte 1 yemek kaşığı zeytinyağını ısıtın.
- Mantarları ve soğanı ekleyin ve ¼ çay kaşığı tuz serpin.
- 5 dakika veya mantarlar yumuşayana kadar soteleyin.
- Soya sosu ve İtalyan baharatını ekleyin ve bir dakika daha pişirin.
- Nohut, keten yumurtası, galeta unu, besin mayası ve sotelenmiş soğan ve mantarları standart bir bıçak ataşmanına sahip bir mutfak robotunda birleştirin.
- Çoğunlukla parçalanana kadar nabız atın. Bazı küçük nohut veya mantar parçaları hala mevcut olmalıdır.
- Köfte karışımını kabaca pinpon büyüklüğünde 12 topa yuvarlamak için temiz eller kullanın.
- 350 derecelik fırında 30 dakika pişirin .

42. ve köfte ile spagetti

İÇİNDEKİLER:

- 3 Soğan
- ½ pound Mantar, dilimlenmiş
- 4 yemek kaşığı Zeytin yağı
- 1 kutu domates
- 1 kutu Domates salçası
- 1 Kereviz sapı kıyılmış
- 3 Rendelenmiş havuç
- 6 yemek kaşığı Tereyağı
- 3 Çırpılmış yumurtalar
- 1½ su bardağı Matzo yemeği
- 2 su bardağı Haşlanmış yeşil bezelye
- 1 çay kaşığı Tuz
- ¼ çay kaşığı Biber
- 1 pound pişmiş spagetti
- rendelenmiş vegan peynir

TALİMATLAR:

- Doğranmış soğan ve mantarları sıvı yağda 10 dakika kavurun.
- Domates, domates salçası ve kekik ekleyin.
- Örtün ve 1 saat kısık ateşte pişirin. Doğru baharat.
- Doğranmış soğan, kereviz ve havucu yarım tereyağında 15 dakika pişirin. Serin.
- Yumurtaları, 1 su bardağı matzo unu, bezelye, tuz ve karabiberi ekleyin.
- Küçük toplar haline getirin ve kalan matzo yemeğine batırın.
- ☑

43.Tempeh ve Soğan Köfte

İÇİNDEKİLER:
KÖFTE

- ½ küçük kırmızı soğan, doğranmış
- 8 ons tempeh, doğranmış
- 3 diş sarımsak, kıyılmış
- 1 yemek kaşığı sıvı yağ, bölünmüş
- 3 yemek kaşığı sade, şekersiz vegan yoğurt
- ½ su bardağı galeta unu
- 1 çay kaşığı ince deniz tuzu

TANDOUR BAHARAT KARIŞIMI:

- 1½ çay kaşığı kırmızı biber
- ½ çay kaşığı kişniş
- ½ çay kaşığı zencefil
- ¼ çay kaşığı kimyon
- ¼ çay kaşığı kakule
- ¼ çay kaşığı zerdeçal
- ¼ çay kaşığı garam masala
- ¼ çay kaşığı kırmızı biber

TALİMATLAR:

- Fırını 375 derece F'ye (190 C) önceden ısıtın ve bir fırın tepsisini parşömen kağıdı ile kaplayın.
- Küçük bir kapta, baharat karışımını oluşturan 8 malzemeyi birlikte çırpın. Kenara koyun.
- Büyük bir sote tavasını orta ateşte önceden ısıtın.
- 1 çay kaşığı yağ ekleyin ve soğanı ve tempeh'i 5 ila 7 dakika veya tempeh altın rengi olana kadar pişirin.
- Tempeh ve soğanı tavanın bir tarafına kaydırın ve kalan 2 çay kaşığı yağı tavanın diğer tarafına ekleyin.
- Sarımsak ve baharat karışımını doğrudan yağa ekleyin.
- Karıştırın, ardından tempeh ve soğanla birleştirin.

- Sık sık karıştırarak 1 dakika pişirin ve ocaktan alın.
- Tempeh karışımını bir mutfak robotuna aktarın.
- 5 veya 6 kez veya çoğunlukla kıyılmış ve homojen olana kadar nabız atın.
- Galeta ununu, tuzu ve yoğurdu ekleyin ve iyice birleşene kadar işleyin.
- Köfteleri porsiyonlara ayırmak için bir kaşık veya küçük kurabiye kepçesi kullanın.
- Avuç içi arasında yuvarlayın ve yağlı kağıt serili fırın tepsisine dizin.
- Yarım noktada çevirerek 25 ila 28 dakika pişirin.

44. Mercimek ve Mantar Köfte

İÇİNDEKİLER:

- 1 su bardağı pişmiş mercimek
- 1 su bardağı mantar, ince doğranmış
- 1/2 su bardağı galeta unu
- 1/4 su bardağı rendelenmiş Parmesan peyniri
- 1 küçük soğan, ince kıyılmış
- 2 diş sarımsak, kıyılmış
- 1 yemek kaşığı kıyılmış taze maydanoz
- 1 çay kaşığı kurutulmuş kekik
- Tatmak için biber ve tuz
- 1 yumurta, çırpılmış

TALİMATLAR:

- Büyük bir kapta, tüm malzemeleri birleştirin ve iyice karıştırın.
- Karışımı küçük köfteler haline getirin.
- Orta ateşte bir tavada biraz yağ ısıtın.
- Köfteleri kızarana kadar pişirin ve yaklaşık 10-12 dakika pişirin.
- En sevdiğiniz sos veya makarna ile servis yapın.

45.Tatlı Patates ve Siyah Fasulye Köfte

İÇİNDEKİLER:

2 su bardağı patates püresi
1 su bardağı pişmiş siyah fasulye, süzülmüş ve durulanmış
1/2 su bardağı galeta unu
1/4 su bardağı kıyılmış yeşil soğan
2 diş sarımsak, kıyılmış
1 çay kaşığı öğütülmüş kimyon
1/2 çay kaşığı füme kırmızı biber
Tatmak için biber ve tuz
1 yumurta, çırpılmış

TALİMATLAR:

Büyük bir kapta, tüm malzemeleri birleştirin ve iyice karıştırın.

Karışımdan köfte şekli verip fırın tepsisine dizin.

Önceden ısıtılmış fırında 190°C'de (375°F) 20-25 dakika veya üzeri kızarana ve çıtır çıtır olana kadar pişirin.

Kızarmış sebzelerin yanında veya bir sandviçte servis yapın.

46. Karnabahar ve Nohut Köfte

İÇİNDEKİLER:

2 su bardağı karnabahar çiçeği, buğulanmış ve ince doğranmış
1 su bardağı haşlanmış nohut, ezilmiş
1/2 su bardağı galeta unu
1/4 su bardağı rendelenmiş Parmesan peyniri
1 küçük soğan, ince kıyılmış
2 diş sarımsak, kıyılmış
1 yemek kaşığı kıyılmış taze kişniş
1 çay kaşığı öğütülmüş kimyon
Tatmak için biber ve tuz
1 yumurta, çırpılmış

TALİMATLAR:

Büyük bir kapta, tüm malzemeleri birleştirin ve iyice karıştırın.

Karışımdan köfte şekli verip yağlanmış fırın tepsisine dizin.

Önceden ısıtılmış fırında 375°F (190°C) sıcaklıkta 20-25 dakika veya altın sarısı kahverengi olana kadar pişirin.

En sevdiğiniz sosla veya salatalar için bir sos olarak servis yapın.

47. Kabak ve Kinoa Köfte

İÇİNDEKİLER:

2 su bardağı rendelenmiş kabak
1 su bardağı pişmiş kinoa
1/2 su bardağı galeta unu
1/4 su bardağı rendelenmiş Parmesan peyniri
1 küçük soğan, ince kıyılmış
2 diş sarımsak, kıyılmış
1 yemek kaşığı kıyılmış taze fesleğen
1 çay kaşığı kurutulmuş kekik
Tatmak için biber ve tuz
1 yumurta, çırpılmış

TALİMATLAR:

Rendelenmiş kabakları temiz bir mutfak havlusuna koyun ve fazla nemi sıkın.

Büyük bir kapta kabak, kinoa, galeta unu, Parmesan peyniri, soğan, sarımsak, fesleğen, kekik, tuz, karabiber ve yumurtayı birleştirin. İyice karıştırın.

Karışımdan köfte şekli verip fırın tepsisine dizin.

Önceden ısıtılmış fırında 375°F (190°C) sıcaklıkta 20-25 dakika veya altın sarısı kahverengi olana kadar pişirin.

Marinara sosuyla servis yapın veya bir alt sandviçte tadını çıkarın.

48. Ispanaklı ve Beyaz Köfte

İÇİNDEKİLER:

2 su bardağı doğranmış ıspanak, pişirilir ve süzülür
1 su bardağı ufalanmış beyaz peynir
1/2 su bardağı galeta unu
1/4 su bardağı kıyılmış taze dereotu
2 diş sarımsak, kıyılmış
1 küçük soğan, ince kıyılmış
1/4 çay kaşığı hindistan cevizi
Tatmak için biber ve tuz
1 yumurta, çırpılmış

TALİMATLAR:

Büyük bir kapta, tüm malzemeleri birleştirin ve iyice karıştırın.

Karışımdan köfte şekli verip fırın tepsisine dizin.

Önceden ısıtılmış fırında 375°F (190°C) sıcaklıkta 20-25 dakika veya altın sarısı kahverengi olana kadar pişirin.

Cacık sosu ve pide ile servis yapın.

49. Brokoli ve Cheddarlı Köfte

İÇİNDEKİLER:

2 su bardağı ince doğranmış brokoli çiçeği, buğulanmış ve süzülmüş
1 su bardağı rendelenmiş çedar peyniri
1/2 su bardağı galeta unu
1/4 su bardağı rendelenmiş Parmesan peyniri
1 küçük soğan, ince kıyılmış
2 diş sarımsak, kıyılmış
1 yemek kaşığı kıyılmış taze maydanoz
Tatmak için biber ve tuz
1 yumurta, çırpılmış

TALİMATLAR:

Büyük bir kapta, tüm malzemeleri birleştirin ve iyice karıştırın.

Karışımdan köfte şekli verip fırın tepsisine dizin.

Önceden ısıtılmış fırında 375°F (190°C) sıcaklıkta 20-25 dakika veya altın sarısı kahverengi olana kadar pişirin.

Marinara sosuyla veya garnitür olarak servis yapın.

50.Havuçlu ve Nohutlu Köfte

İÇİNDEKİLER:

2 bardak rendelenmiş havuç
1 su bardağı haşlanmış nohut, ezilmiş
1/2 su bardağı galeta unu
1/4 su bardağı kıyılmış taze maydanoz
2 diş sarımsak, kıyılmış
1 küçük soğan, ince kıyılmış
1 çay kaşığı öğütülmüş kimyon
1/2 çay kaşığı öğütülmüş kişniş
Tatmak için biber ve tuz
1 yumurta, çırpılmış

TALİMATLAR:

Büyük bir kapta, tüm malzemeleri birleştirin ve iyice karıştırın.

Karışımdan köfte şekli verip yağlanmış fırın tepsisine dizin.

Önceden ısıtılmış fırında 190°C'de (375°F) 20-25 dakika veya üzeri kızarana ve çıtır çıtır olana kadar pişirin.

Yoğurt daldırma sosu veya kuskus ile servis yapın.

51.Mantarlı Cevizli Köfte

İÇİNDEKİLER:

2 su bardağı mantar, ince doğranmış
1 su bardağı ceviz, ince kıyılmış
1/2 su bardağı galeta unu
1/4 su bardağı rendelenmiş Parmesan peyniri
1 küçük soğan, ince kıyılmış
2 diş sarımsak, kıyılmış
1 yemek kaşığı kıyılmış taze kekik
Tatmak için biber ve tuz
1 yumurta, çırpılmış

TALİMATLAR:

Büyük bir kapta, tüm malzemeleri birleştirin ve iyice karıştırın.

Karışımdan köfte şekli verip fırın tepsisine dizin.

Önceden ısıtılmış fırında 375°F (190°C) sıcaklıkta 20-25 dakika veya altın sarısı kahverengi olana kadar pişirin.

Kremalı mantar sosu veya makarna ile servis yapın.

52.Pancar ve Kinoa Köfte

İÇİNDEKİLER:

2 su bardağı rendelenmiş pancar
1 su bardağı pişmiş kinoa
1/2 su bardağı galeta unu
1/4 su bardağı kıyılmış taze maydanoz
2 diş sarımsak, kıyılmış
1 küçük soğan, ince kıyılmış
1 çay kaşığı öğütülmüş kimyon
Tatmak için biber ve tuz
1 yumurta, çırpılmış

TALİMATLAR:

Büyük bir kapta, tüm malzemeleri birleştirin ve iyice karıştırın.

Karışımdan köfte şekli verip fırın tepsisine dizin.

Önceden ısıtılmış fırında 190°C'de (375°F) 20-25 dakika veya üzeri kızarana ve çıtır çıtır olana kadar pişirin.

Keskin bir yoğurt sosuyla veya salatada servis yapın.

53.Kinoa ve Mısır Köftesi

İÇİNDEKİLER:

2 su bardağı pişmiş kinoa
1 su bardağı mısır taneleri
1/2 su bardağı galeta unu
1/4 su bardağı rendelenmiş Parmesan peyniri
1 küçük soğan, ince kıyılmış
2 diş sarımsak, kıyılmış
1 yemek kaşığı kıyılmış taze kişniş
1 çay kaşığı öğütülmüş kimyon
Tatmak için biber ve tuz
1 yumurta, çırpılmış

TALİMATLAR:

Büyük bir kapta, tüm malzemeleri birleştirin ve iyice karıştırın.

Karışımdan köfte şekli verip yağlanmış fırın tepsisine dizin.

Önceden ısıtılmış fırında 375°F (190°C) sıcaklıkta 20-25 dakika veya altın sarısı kahverengi olana kadar pişirin.

Salsa ile veya tacos için dolgu olarak servis yapın.

64.Patlıcan ve Nohut Köfte

İÇİNDEKİLER:

2 su bardağı pişmiş patlıcan, ezilmiş
1 su bardağı haşlanmış nohut, ezilmiş
1/2 su bardağı galeta unu
1/4 su bardağı rendelenmiş Parmesan peyniri
1 küçük soğan, ince kıyılmış
2 diş sarımsak, kıyılmış
1 yemek kaşığı kıyılmış taze fesleğen
1 çay kaşığı kurutulmuş kekik
Tatmak için biber ve tuz
1 yumurta, çırpılmış

TALİMATLAR:

Büyük bir kapta, tüm malzemeleri birleştirin ve iyice karıştırın.

Karışımdan köfte şekli verip fırın tepsisine dizin.

Önceden ısıtılmış fırında 190°C'de (375°F) 20-25 dakika veya üzeri kızarana ve çıtır çıtır olana kadar pişirin.

Marinara sosu ve spagetti ile servis yapın.

55.Patates ve Bezelye Köfte

İÇİNDEKİLER:

2 su bardağı patates püresi
1 su bardağı pişmiş bezelye
1/2 su bardağı galeta unu
1/4 su bardağı rendelenmiş Parmesan peyniri
1 küçük soğan, ince kıyılmış
2 diş sarımsak, kıyılmış
1 yemek kaşığı kıyılmış taze nane
Tatmak için biber ve tuz
1 yumurta, çırpılmış

TALİMATLAR:

Büyük bir kapta, tüm malzemeleri birleştirin ve iyice karıştırın.

Karışımdan köfte şekli verip yağlanmış fırın tepsisine dizin.

Önceden ısıtılmış fırında 375°F (190°C) sıcaklıkta 20-25 dakika veya altın sarısı kahverengi olana kadar pişirin.

Nane yoğurt sosu ile veya garnitür olarak servis yapın.

56.Mısır ve Kırmızı Biber Köfte

İÇİNDEKİLER:

2 su bardağı mısır taneleri
1 su bardağı közlenmiş kırmızı biber, doğranmış
1/2 su bardağı galeta unu
1/4 su bardağı kıyılmış taze kişniş
2 diş sarımsak, kıyılmış
1 küçük soğan, ince kıyılmış
1 çay kaşığı öğütülmüş kimyon
1/2 çay kaşığı füme kırmızı biber
Tatmak için biber ve tuz
1 yumurta, çırpılmış

TALİMATLAR:

Büyük bir kapta, tüm malzemeleri birleştirin ve iyice karıştırın.

Karışımdan köfte şekli verip fırın tepsisine dizin.

Önceden ısıtılmış fırında 375°F (190°C) sıcaklıkta 20-25 dakika veya altın sarısı kahverengi olana kadar pişirin.

Bir chipotle mayo daldırma sosuyla veya bir dürümle servis yapın.

57. Balkabagi ve Adaçayı Köfte

İÇİNDEKİLER:

2 su bardağı pişmiş bal kabağı, püresi
1 su bardağı galeta unu
1/4 su bardağı rendelenmiş Parmesan peyniri
1 küçük soğan, ince kıyılmış
2 diş sarımsak, kıyılmış
1 yemek kaşığı kıyılmış taze adaçayı
Tatmak için biber ve tuz
1 yumurta, çırpılmış

TALİMATLAR:

Büyük bir kapta, tüm malzemeleri birleştirin ve iyice karıştırın.

Karışımdan köfte şekli verip yağlanmış fırın tepsisine dizin.

Önceden ısıtılmış fırında 190°C'de (375°F) 20-25 dakika veya üzeri kızarana ve çıtır çıtır olana kadar pişirin.

Kremalı Alfredo sosuyla veya garnitür olarak servis yapın.

58.Karalahana ve Beyaz Fasulye Köfte

İÇİNDEKİLER:

2 su bardağı kıyılmış lahana, beyazlatılmış ve süzülmüş
1 su bardağı pişmiş beyaz fasulye, püresi
1/2 su bardağı galeta unu
1/4 su bardağı kıyılmış taze maydanoz
2 diş sarımsak, kıyılmış
1 küçük soğan, ince kıyılmış
1 çay kaşığı kurutulmuş kekik
Tatmak için biber ve tuz
1 yumurta, çırpılmış

TALİMATLAR:

Büyük bir kapta, tüm malzemeleri birleştirin ve iyice karıştırın.
Karışımdan köfte şekli verip fırın tepsisine dizin.
Önceden ısıtılmış fırında 375°F (190°C) sıcaklıkta 20-25 dakika veya altın sarısı kahverengi olana kadar pişirin.
Marinara sosuyla veya dürümle servis yapın.

59.Kinoa ve Ispanak Köfte

İÇİNDEKİLER:

2 su bardağı pişmiş kinoa
1 su bardağı kıyılmış ıspanak
1/2 su bardağı galeta unu
1/4 su bardağı rendelenmiş Parmesan peyniri
1 küçük soğan, ince kıyılmış
2 diş sarımsak, kıyılmış
1 yemek kaşığı kıyılmış taze fesleğen
Tatmak için biber ve tuz
1 yumurta, çırpılmış

TALİMATLAR:

Büyük bir kapta, tüm malzemeleri birleştirin ve iyice karıştırın.

Karışımdan köfte şekli verip yağlanmış fırın tepsisine dizin.

Önceden ısıtılmış fırında 375°F (190°C) sıcaklıkta 20-25 dakika veya altın sarısı kahverengi olana kadar pişirin.

Marinara sosuyla veya bir spagetti yatağında servis yapın.

50.Karnabahar ve Kinoa Köfte

İÇİNDEKİLER:

2 su bardağı ince kıyılmış karnabahar çiçeği, buğulanmış ve süzülmüş
1 su bardağı pişmiş kinoa
1/2 su bardağı galeta unu
1/4 su bardağı rendelenmiş Parmesan peyniri
1 küçük soğan, ince kıyılmış
2 diş sarımsak, kıyılmış
1 yemek kaşığı kıyılmış taze maydanoz
Tatmak için biber ve tuz
1 yumurta, çırpılmış

TALİMATLAR:

Büyük bir kapta, tüm malzemeleri birleştirin ve iyice karıştırın.

Karışımdan köfte şekli verip yağlanmış fırın tepsisine dizin.

Önceden ısıtılmış fırında 375°F (190°C) sıcaklıkta 20-25 dakika veya altın sarısı kahverengi olana kadar pişirin.

En sevdiğiniz sosla veya vejetaryen sandviç dolgusu olarak servis yapın.

61.Nohutlu Ispanaklı Köfte

İÇİNDEKİLER:

2 su bardağı haşlanmış nohut, ezilmiş
1 su bardağı kıyılmış ıspanak
1/2 su bardağı galeta unu
1/4 su bardağı rendelenmiş Parmesan peyniri
1 küçük soğan, ince kıyılmış
2 diş sarımsak, kıyılmış
1 yemek kaşığı kıyılmış taze kişniş
1 çay kaşığı öğütülmüş kimyon
Tatmak için biber ve tuz
1 yumurta, çırpılmış

TALİMATLAR:

Büyük bir kapta, tüm malzemeleri birleştirin ve iyice karıştırın.

Karışımdan köfte şekli verip yağlanmış fırın tepsisine dizin.

Önceden ısıtılmış fırında 190°C'de (375°F) 20-25 dakika veya üzeri kızarana ve çıtır çıtır olana kadar pişirin.

Yoğurt bazlı bir sosla veya pide cebinde servis yapın.

62. Tatlı Patates ve Nohut Köfte

İÇİNDEKİLER:

2 su bardağı patates püresi
1 su bardağı haşlanmış nohut, ezilmiş
1/2 su bardağı galeta unu
1/4 su bardağı kıyılmış taze kişniş
2 diş sarımsak, kıyılmış
1 küçük soğan, ince kıyılmış
1 çay kaşığı öğütülmüş kimyon
1/2 çay kaşığı füme kırmızı biber
Tatmak için biber ve tuz
1 yumurta, çırpılmış

TALİMATLAR:

Büyük bir kapta, tüm malzemeleri birleştirin ve iyice karıştırın.

Karışımdan köfte şekli verip fırın tepsisine dizin.

Önceden ısıtılmış fırında 375°F (190°C) sıcaklıkta 20-25 dakika veya altın sarısı kahverengi olana kadar pişirin.

Baharatlı daldırma sosuyla veya taze sebzelerle birlikte servis yapın.

3.Mantar ve Mercimek Köfte

İÇİNDEKİLER:

2 su bardağı ince kıyılmış mantar
1 su bardağı pişmiş mercimek
1/2 su bardağı galeta unu
1/4 su bardağı rendelenmiş Parmesan peyniri
1 küçük soğan, ince kıyılmış
2 diş sarımsak, kıyılmış
1 yemek kaşığı kıyılmış taze kekik
Tatmak için biber ve tuz
1 yumurta, çırpılmış

TALİMATLAR:

Büyük bir kapta, tüm malzemeleri birleştirin ve iyice karıştırın.

Karışımdan köfte şekli verip fırın tepsisine dizin.

Önceden ısıtılmış fırında 375°F (190°C) sıcaklıkta 20-25 dakika veya üzeri kızarana ve tamamen pişene kadar pişirin.

Kremalı mantar sosuyla veya garnitür olarak servis yapın.

64. Havuçlu Kabak Köfte

İÇİNDEKİLER:

1 su bardağı rendelenmiş havuç
1 su bardağı rendelenmiş kabak
1/2 su bardağı galeta unu
1/4 su bardağı rendelenmiş Parmesan peyniri
1 küçük soğan, ince kıyılmış
2 diş sarımsak, kıyılmış
1 yemek kaşığı kıyılmış taze maydanoz
Tatmak için biber ve tuz
1 yumurta, çırpılmış

TALİMATLAR:

Büyük bir kapta, tüm malzemeleri birleştirin ve iyice karıştırın.

Karışımdan köfte şekli verip fırın tepsisine dizin.

Önceden ısıtılmış fırında 375°F (190°C) sıcaklıkta 20-25 dakika veya altın sarısı kahverengi olana kadar pişirin.

Marinara sosuyla veya sebze kızartmasıyla servis yapın.

65. Kinoa ve Mantar Köfte

İÇİNDEKİLER:

2 su bardağı pişmiş kinoa
1 su bardağı ince doğranmış mantar
1/2 su bardağı galeta unu
1/4 su bardağı rendelenmiş Parmesan peyniri
1 küçük soğan, ince kıyılmış
2 diş sarımsak, kıyılmış
1 yemek kaşığı kıyılmış taze biberiye
Tatmak için biber ve tuz
1 yumurta, çırpılmış

TALİMATLAR:

Büyük bir kapta, tüm malzemeleri birleştirin ve iyice karıştırın.

Karışımdan köfte şekli verip fırın tepsisine dizin.

Önceden ısıtılmış fırında 190°C'de (375°F) 20-25 dakika veya üzeri kızarana ve çıtır çıtır olana kadar pişirin.

Mantar sos ile veya kinoa kaseleri için bir sos olarak servis yapın.

6.Siyah Fasulye ve Mısır Köftesi

İÇİNDEKİLER:

1 su bardağı pişmiş siyah fasulye, püresi
1 su bardağı mısır taneleri
1/2 su bardağı galeta unu
1/4 su bardağı kıyılmış taze kişniş
1 küçük soğan, ince kıyılmış
2 diş sarımsak, kıyılmış
1 çay kaşığı öğütülmüş kimyon
1/2 çay kaşığı toz biber
Tatmak için biber ve tuz
1 yumurta, çırpılmış

TALİMATLAR:

Büyük bir kapta, tüm malzemeleri birleştirin ve iyice karıştırın.

Karışımdan köfte şekli verip fırın tepsisine dizin.

Önceden ısıtılmış fırında 375°F (190°C) sıcaklıkta 20-25 dakika veya altın sarısı kahverengi olana kadar pişirin.

Keskin bir avokado salsa ile veya Meksika esintili bir tahıl kasesinde servis yapın.

67.Brokoli ve Cheddar Peynirli Köfte

İÇİNDEKİLER:

2 su bardağı ince doğranmış brokoli çiçeği, buğulanmış ve süzülmüş
1 su bardağı rendelenmiş çedar peyniri
1/2 su bardağı galeta unu
1/4 su bardağı rendelenmiş Parmesan peyniri
1 küçük soğan, ince kıyılmış
2 diş sarımsak, kıyılmış
1 yemek kaşığı kıyılmış taze maydanoz
Tatmak için biber ve tuz
1 yumurta, çırpılmış

TALİMATLAR:

Büyük bir kapta, tüm malzemeleri birleştirin ve iyice karıştırın.

Karışımdan köfte şekli verip fırın tepsisine dizin.

Önceden ısıtılmış fırında 375°F (190°C) sıcaklıkta 20-25 dakika veya altın sarısı kahverengi olana kadar pişirin.

Marinara sosuyla veya garnitür olarak servis yapın.

68.Karnabahar ve Peynirli Köfte

İÇİNDEKİLER:

2 su bardağı ince kıyılmış karnabahar çiçeği, buğulanmış ve süzülmüş
1 su bardağı galeta unu
1/2 bardak rendelenmiş Parmesan peyniri
1 küçük soğan, ince kıyılmış
2 diş sarımsak, kıyılmış
1 yemek kaşığı kıyılmış taze kekik
Tatmak için biber ve tuz
1 yumurta, çırpılmış

TALİMATLAR:

Büyük bir kapta, tüm malzemeleri birleştirin ve iyice karıştırın.

Karışımdan köfte şekli verip fırın tepsisine dizin.

Önceden ısıtılmış fırında 375°F (190°C) sıcaklıkta 20-25 dakika veya altın sarısı kahverengi olana kadar pişirin.

Kremalı peynir sosuyla veya vejeteryan meze olarak servis yapın.

9.Biberiyeli Mantarlı ve Cevizli Köfte

İÇİNDEKİLER:

2 su bardağı ince kıyılmış mantar
1 su bardağı ceviz, ince kıyılmış
1/2 su bardağı galeta unu
1/4 su bardağı rendelenmiş Parmesan peyniri
1 küçük soğan, ince kıyılmış
2 diş sarımsak, kıyılmış
1 yemek kaşığı kıyılmış taze biberiye
Tatmak için biber ve tuz
1 yumurta, çırpılmış

TALİMATLAR:

Büyük bir kapta, tüm malzemeleri birleştirin ve iyice karıştırın.

Karışımdan köfte şekli verip fırın tepsisine dizin.

Önceden ısıtılmış fırında 375°F (190°C) sıcaklıkta 20-25 dakika veya altın sarısı kahverengi olana kadar pişirin.

Kremalı mantar sosuyla veya kavrulmuş sebzelerle garnitür olarak servis yapın.

SEBZELİ KÖFTE

70.Rokalı Kırmızı Pancar Burger

İÇİNDEKİLER:

- 15 ons Açık Kırmızı Barbunya Fasulyesi
- 2 ½ yemek kaşığı sızma zeytinyağı
- 2 ½ *ons Cremini Mantar*
- 1 kırmızı soğan
- ½ fincan pişmiş kahverengi pirinç
- ¾ bardak Çiğ Pancar
- 1/3 su bardağı Kenevir Tohumu
- 1 çay kaşığı öğütülmüş karabiber
- ½ çay kaşığı deniz tuzu
- ½ çay kaşığı Öğütülmüş Kişniş Tohumu
- ½ çay kaşığı Worcestershire Sos
- 1 vegan yumurta ikamesi
- 4 su bardağı Organik Bebek Roka
- 2 çay kaşığı Beyaz Balzamik Sirke

TALİMATLAR:

- Fırını 375 ° F'ye ısıtın. Barbunyaları bir karıştırma kabında güzelce ezin ve kenara alın.
- 1 çorba kaşığı yağı orta ateşte yapışmaz bir tavada ısıtın.
- Mantarları ve soğanın dörtte üçünü ekleyin ve yumuşayana kadar yaklaşık 8 dakika soteleyin.
- Sebze karışımını fasulye ile karıştırma kabına aktarın. Pirinç, pancar, kenevir tohumu, biber, tuz, kişniş ve Worcestershire sosunu bir araya gelinceye kadar karıştırın.
- Vegan yumurta ikame maddesini ekleyin ve iyice birleşene kadar karıştırın.

- Karışımı dört top haline getirin ve ağartılmamış parşömen kağıdıyla kaplı bir fırın tepsisine yerleştirin. Parmak uçlarınızla dört köfteye vurun.
- Parmak uçlarınızı kullanarak köftelerin üstünü $\frac{1}{2}$ yemek kaşığı sıvı yağ ile hafifçe yağlayın.
- 1 saat pişirin. Her burgeri çok nazikçe çevirin ve yaklaşık 20 dakika daha gevrek, sert ve kızarana kadar pişirin.
- Pişirme işlemini tamamlamak için en az 5 dakika bekletin.
- Rokayı sirke ve kalan 1 çorba kaşığı yağ ile karıştırın ve her burgerin üzerine yerleştirin.
- Kalan soğanı serpin ve servis yapın.

71.Pekan- Mercimek Köftesi

İÇİNDEKİLER:

- 1 1/2 bardak pişmiş kahverengi mercimek
- 1/2 bardak öğütülmüş ceviz
- 1/2 su bardağı eski moda yulaf
- 1/4 su bardağı kuru baharatsız panko
- 1/4 su bardağı buğday gluteni unu
- 1/2 su bardağı kıyılmış soğan
- 1/4 su bardağı kıyılmış taze maydanoz
- 1 çay kaşığı Dijon hardalı
- 1/2 çay kaşığı tuz
- 1/8 çay kaşığı taze çekilmiş biber
- 2 yemek kaşığı zeytinyağı
- Marul yaprakları, dilimlenmiş domates, dilimlenmiş kırmızı soğan ve tercihe göre çeşniler

TALİMATLAR:

- Bir mutfak robotunda mercimek, ceviz, yulaf, panko, un, soğan, maydanoz, hardal, tuz ve karabiberi birleştirin.
- Biraz doku bırakarak birleştirmek için darbe.
- Mercimek karışımını 4 ila 6 burger haline getirin.
- Bir tavada, yağı aşırı ısıtın.
- Hamburgerleri ekleyin ve her iki tarafı da yaklaşık 5 dakika kızarana kadar pişirin.
- Burgerleri marul, domates dilimleri, soğan ve dilediğiniz çeşnilerle servis edin.

72.Siyah Fasülye Hamburgerleri

İÇİNDEKİLER:

- 3 yemek kaşığı zeytinyağı
- 1/2 su bardağı kıyılmış soğan
- 1 diş sarımsak, kıyılmış
- 11/2 su bardağı siyah fasulye
- 1 yemek kaşığı kıyılmış taze maydanoz
- 1/2 su bardağı kuru baharatsız panko
- 1/4 su bardağı buğday gluteni unu
- 1 çay kaşığı füme kırmızı biber
- 1/2 çay kaşığı kuru kekik
- Tuz ve taze çekilmiş karabiber
- 4 marul yaprağı
- 1/4-inç dilimler halinde kesilmiş 1 olgun domates

TALİMATLAR:

- Bir tavada 1 yemek kaşığı yağı kızdırın ve kızdırın. Soğanı ve sarımsağı ekleyin ve yaklaşık 5 dakika yumuşayana kadar pişirin.
- Soğan karışımını bir mutfak robotuna aktarın. Fasulye, maydanoz, panko , un, kırmızı biber, kekik ve tadına göre tuz ve karabiber ekleyin. Biraz doku bırakarak iyice birleşene kadar işleyin. Karışımı 4 eşit beze haline getirin ve 20 dakika buzdolabında bekletin.
- Bir tavada, kalan 2 yemek kaşığı yağı aşırı ısıtın. Burgerleri ekleyin ve her iki tarafı da kızarana kadar pişirin, bir kez çevirin, her tarafta yaklaşık 5 dakika.
- Burgerleri marul ve domates dilimleri ile servis edin.

73.Yulaflı ve Sebzeli Börek

İÇİNDEKİLER:

- 2 yemek kaşığı artı 1 çay kaşığı zeytinyağı
- 1 soğan, doğranmış
- 1 havuç, rendelenmiş
- 1 su bardağı tuzsuz karışık kuruyemiş
- 1/4 su bardağı buğday gluteni unu
- 1/2 su bardağı eski moda yulaf, artı gerekirse daha fazlası
- 2 yemek kaşığı kremalı fıstık ezmesi
- 2 yemek kaşığı kıyılmış taze maydanoz
- 1/2 çay kaşığı tuz
- 1/4 çay kaşığı taze çekilmiş karabiber
- 4 marul yaprağı
- 1/4-inç dilimler halinde kesilmiş 1 olgun domates

TALİMATLAR:

- Bir tavada, 1 çay kaşığı yağı aşırı ısıtın. Soğanı ekleyin ve yumuşayana kadar yaklaşık 5 dakika pişirin. Havucu karıştırın ve bir kenara koyun.
- Bir mutfak robotunda, fındıkları doğranana kadar çekin.
- Un, yulaf, fıstık ezmesi, maydanoz, tuz ve karabiber ile birlikte soğan-havuç karışımını ekleyin. İyice karışana kadar işleyin.
- Karışımı yaklaşık 4 inç çapında 4 eşit köfteye şekillendirin.
- Bir tavada kalan 2 yemek kaşığı yağı kızdırın, burgerleri ekleyin ve her iki tarafı da yaklaşık 5 dakika kızarana kadar pişirin.
- Burgerleri marul ve domates dilimleri ile servis edin.

4.Beyaz Fasulye ve Cevizli Köfte

İÇİNDEKİLER:

- 1/4 su bardağı doğranmış soğan
- 1 diş sarımsak, ezilmiş
- 1 su bardağı ceviz parçaları
- 1 su bardağı konserve veya pişmiş beyaz fasulye
- 1 su bardağı buğday gluteni unu
- 2 yemek kaşığı kıyılmış taze maydanoz
- 1 yemek kaşığı soya sosu
- 1 çay kaşığı Dijon hardalı, artı servis için daha fazlası
- 1/2 çay kaşığı tuz
- 1/2 çay kaşığı öğütülmüş adaçayı
- 1/2 çay kaşığı tatlı kırmızı biber
- 1/4 çay kaşığı zerdeçal
- 1/4 çay kaşığı taze çekilmiş karabiber
- 2 yemek kaşığı zeytinyağı
- Marul yaprakları ve dilimlenmiş domates

TALİMATLAR:

- Bir mutfak robotunda soğan, sarımsak ve cevizleri birleştirin ve ince bir şekilde öğütülene kadar işleyin.
- Fasulyeleri bir tavada ısıtıp karıştırarak 1 ila 2 dakika nemin buharlaşması için pişirin.
- Fasulyeleri un, maydanoz, soya sosu, hardal, tuz, adaçayı, kırmızı biber, zerdeçal ve karabiberle birlikte mutfak robotuna ekleyin.
- İyice karışana kadar işleyin. Karışımı 4 eşit beze haline getirin.
- Bir tavada, yağı aşırı ısıtın.
- Köfteleri ekleyin ve her iki tarafı da yaklaşık 5 dakika kızarana kadar pişirin.
- Marul ve dilimlenmiş domates ile servis yapın.

75.Garbanzo fasulye burgerleri

İÇİNDEKİLER:

- 2 su bardağı ezilmiş nohut
- 1 adet kereviz sapı, ince kıyılmış
- 1 adet Havuç, ince kıyılmış
- $\frac{1}{4}$ Soğan, kıyılmış
- $\frac{1}{4}$ su bardağı tam buğday unu
- Tatmak için biber ve tuz
- 2 çay kaşığı Yağ

TALİMATLAR:

- Malzemeleri (yağ hariç) bir kapta karıştırın. 6 yassı köfte oluşturun.
- Yağlanmış bir tavada orta-yüksek ateşte burgerlerin her iki tarafı da altın rengi olana kadar kızartın.

76.Bulgur mercimekli sebzeli köfte

İÇİNDEKİLER:

- 2 su bardağı Haşlanmış mercimek
- 1 su bardağı Füme Portobello mantarı,
- 1 su bardağı bulgur
- 2 diş kavrulmuş sarımsak,
- 1 yemek kaşığı Worcestershire
- 2 yemek kaşığı ceviz yağı
- ¼ çay kaşığı Tarhun, kıyılmış
- Tatmak için biber ve tuz

TALİMATLAR:

- Bir odun veya kömür ızgarası hazırlayın ve köz haline gelmesine izin verin.
- Bir karıştırma kabında mercimekleri pürüzsüz olana kadar ezin.
- Tüm malzemeleri ekleyin ve iyice birleşene kadar karıştırın.
- En az 2 saat buzdolabında bekletin. Hamburger şekli verin.
- Burgerleri zeytinyağı ile fırçalayın ve her iki tarafta 6 dakika veya bitene kadar ızgara yapın.
- En sevdiğiniz çeşnilerle sıcak servis yapın.

7.Mantarlı tofu köftesi

İÇİNDEKİLER:

- ½ su bardağı yulaf ezmesi
- 1¼ su bardağı iri kıyılmış badem
- 1 yemek kaşığı zeytinyağı veya kanola yağı
- ½ bardak Doğranmış yeşil soğan
- 2 çay kaşığı Kıyılmış sarımsak
- 1½ su bardağı Kıyılmış Cremini
- ½ fincan Pişmiş kahverengi basmati
- ⅓ su bardağı Vegan çedar peyniri
- ⅔ fincan Püresi sert tofu
- 1 vegan yumurta ikamesi
- 3 yemek kaşığı kıyılmış maydanoz
- ½ su bardağı kuru panko
- İstenirse 6 dilim taze mozzarella

TALİMATLAR:

- Yağı bir sote tavasında ısıtın ve soğan, sarımsak ve mantarları yumuşayana kadar soteleyin.
- Yulafı ekleyin ve sürekli karıştırarak 2 dakika daha pişirmeye devam edin.
- Soğan karışımını pirinç, vegan peyniri, tofu ve vegan yumurta ikamesi ile birleştirin.
- Maydanoz, panko ve badem ve birleştirmek için karıştırın. Tuz ve karabiberle tatlandırın.
- 6 köfteye şekil verin ve dışı altın ve gevrek olana kadar soteleyin veya kızartın.
- Bir dilim taze mozzarella peyniri ve taze salsa ile süsleyin.

78.Mercimek, Bezelye & Havuç Böreği

İÇİNDEKİLER:

- ½ Doğranmış Soğan
- ½ su bardağı Haşlanmış Yeşil Mercimek
- ⅓ su bardağı Haşlanmış bezelye
- 1 rendelenmiş havuç
- 1 yemek kaşığı Kıyılmış Taze Maydanoz
- 1 çay kaşığı Tamari
- 2 bardak panko
- ¼ bardak Un
- 1 vegan yumurta ikamesi

TALİMATLAR:

- Soğanı yumuşayıncaya kadar soteleyin Un hariç tüm malzemeleri karıştırın ve soğumaya bırakın Karışımı köfteler haline getirin ve bir tavada kızartın.
- Yeşil Mercimek kurudan pişmesi yaklaşık bir saat sürer, ancak iyi donarlar, bu yüzden bir kerede büyük bir demet yapın.

79.hızlı sebze köftesi

İÇİNDEKİLER:

- 10 ons Sebzeler, karışık, dondurulmuş
- 1 vegan yumurta ikamesi
- tutam tuz ve karabiber
- ½ su bardağı Mantar, taze, doğranmış
- ½ fincan panko
- 1 Soğan, dilimlenmiş

TALİMATLAR:

- Fırını 350 dereceye ısıtın.
- Sebzeleri yumuşayana kadar buharda pişirin
- Kenara koyun, serin.
- Buğulanmış sebzeleri ince ince doğrayın ve vegan yumurta, tuz, karabiber, mantar ve panko ile karıştırın .
- Karışımı köfte haline getirin.
- Hafifçe yağlanmış fırın tepsisine soğan dilimleri ile kaplanmış köfteleri yerleştirin.
- Bir kez çevirerek, her iki tarafı da kızarana ve çıtır çıtır olana kadar yaklaşık 45 dakika pişirin.

30. Tex-Mex sebzeli köfte

İÇİNDEKİLER:

- 15¼ ons Konserve bütün çekirdek mısır
- ½ fincan Sıvı saklıdır
- ½ su bardağı mısır unu
- ½ su bardağı Soğan, ince kıyılmış
- ⅓ fincan kırmızı dolmalık biber, ince kıyılmış
- ½ çay kaşığı Kireç kabuğu rendesi, rendelenmiş
- ¼ su bardağı Haşlanmış beyaz pirinç
- 3 yemek kaşığı Taze kişniş, doğranmış
- 4 çay kaşığı Jalapeno şili biberi
- ½ çay kaşığı öğütülmüş kimyon
- 4 yağsız un ekmeği, 9-10 inç
- 8 yemek kaşığı hafif ekşi krema
- 8 yemek kaşığı Satın alınan salsa

TALİMATLAR:

- ½ su bardağı mısır tanelerini ve 1 yemek kaşığı mısır ununu bir işlemcide nemli topaklar oluşana kadar karıştırın. ¾ fincan mısır taneleri ekleyin ve 10 saniye boyunca işleyin
- Mısır karışımını ağır, yapışmaz bir tencereye aktarın. ½ su bardağı mısır sıvısı, soğan, dolmalık biber ve misket limonu kabuğu ekleyin. Örtün ve çok düşük ateşte kalın ve sert olana kadar sık sık karıştırarak 12 dakika pişirin. Pirinç, kişniş, jalapeño, tuz ve kimyonla karıştırın. Karışımın ¼'ünü 4 parça folyonun her birine bırakın ve parçaları ¾ inç kalınlığında köfteler halinde bastırın.
- Barbekü hazırlayın. Burgerlerin her iki tarafına da yapışmaz sprey sıkın ve gevrek olana kadar, her bir taraf için yaklaşık 5 dakika ızgara yapın. Ekmeği bükülene kadar, her bir tarafta yaklaşık 30 saniye ızgara yapın

81.sebzeli fasulye köftesi

İÇİNDEKİLER:

- 2 ons Pişmiş karışık fasulye
- 1 Soğan, ince kıyılmış
- 1 Havuç, ince rendelenmiş
- 1 çay kaşığı sebze özü
- 1 çay kaşığı Kurutulmuş karışık otlar
- 1 ons bütün yemek panko

TALİMATLAR:

- Tüm malzemeleri bir mutfak robotu veya karıştırıcıda neredeyse pürüzsüz olana kadar karıştırın.
- 4 kalın burger şekli verin ve iyice soğutun.
- Fırçayla yağlayın ve bir veya iki kez çevirerek yaklaşık 15 dakika ızgara veya barbekü yapın.
- Susamlı kaplarda, çeşni, salata ve kocaman tıknaz patates kızartmasıyla servis yapın!

82.soğan yulaf köfteler

İÇİNDEKİLER:

- 4 su bardağı Su
- ½ bardak Tuzu azaltılmış soya sosu
- ½ su bardağı Beslenme mayası
- 1 Adet doğranmış kuru soğan
- 1 yemek kaşığı Kekik
- ½ yemek kaşığı Sarımsak tozu
- 1 yemek kaşığı kuru fesleğen
- 4½ su bardağı Eski moda yulaf ezmesi

TALİMATLAR:

- Yulaf hariç tüm malzemeleri kaynatın.
- Isıyı düşük seviyeye getirin ve 4½ bardak yulaf ezmesini karıştırın.
- Yaklaşık 5 dakika suyunu çekene kadar pişirin.
- Dikdörtgen yapışmaz bir fırın tepsisini karışımla doldurun
- 350 F.'de 25 dakika pişirin. Sonra dev burgeri 4 inçlik kare burgerler halinde kesin ve ters çevirin.
- 20 dakika daha pişirin.
- Ana yemek olarak servis yapın, sıcak veya soğuk.

3.Yabani mantar köftesi

İÇİNDEKİLER:

- 2 çay kaşığı zeytinyağı
- 1 Sarı soğan, ince kıyılmış
- 2 Arpacık, soyulmuş ve kıyılmış
- ⅛ çay kaşığı Tuz
- 1 su bardağı kuru şitaki mantarı
- 2 bardak Portobello mantarları
- 1 paket Tofu
- ⅓ bardak Kızarmış buğday tohumu
- ⅓ fincan panko
- 2 yemek kaşığı Lite soya sosu
- 2 yemek kaşığı Worcestershire sosu
- 1 çay kaşığı Sıvı duman aroması
- ½ çay kaşığı Granül sarımsak
- ¾ bardak hızlı pişen yulaf

TALİMATLAR:

- Soğan, arpacık soğan ve tuzu zeytinyağında yaklaşık 5 dakika soteleyin.
- Yumuşatılmış shiitake mantarlarını saplayın ve bir mutfak robotunda taze mantarlarla birlikte kıyın. Soğanlara ekleyin.
- Yapışmasını önlemek için ara sıra karıştırarak 10 dakika pişirin.
- Mantarları ezilmiş tofu ile karıştırın, kalan malzemeleri ekleyin ve iyice karıştırın.
- Yapışmayı ve köfte haline gelmeyi önlemek için ellerinizi ıslatın.
- 25 dakika pişirin, 15 dakika sonra bir kez çevirin.

84. Tofu Tahin sebze köftesi

İÇİNDEKİLER:

- 1 kiloluk sert tofu, süzülmüş
- 1½ su bardağı çiğ yulaf ezmesi
- ½ su bardağı rendelenmiş havuç
- 1 adet yemeklik doğranmış kuru soğan
- 1 yemek kaşığı tahin az ya da çok
- 2 yemek kaşığı Worcestershire sosu
- 1 yemek kaşığı soya sosu

TALİMATLAR:

- Seçilen baharat ve otların bir karışımını ekleyin.
- Fırın tepsisine köfte şekli verin.
- 350 derecede 20 dakika pişirin, ters çevirin ve 10 dakika daha pişirin.

35. Siyah Fasulye ve Fıstık Izgaraları

İÇİNDEKİLER:

- 1 su bardağı TVP granülleri
- 1 bardak su
- 1 yemek kaşığı soya sosu
- 15 ons siyah fasulye konservesi
- ½ su bardağı vital buğday gluteni unu
- ¼ fincan barbekü sosu
- 1 yemek kaşığı sıvı duman
- ½ çay kaşığı karabiber
- 2 yemek kaşığı fıstık ezmesi

TALİMATLAR:

- TVP'yi su ve soya sosuyla mikrodalgaya uygun bir kapta karıştırarak, plastik sargıyla sıkıca kapatarak ve 5 dakika yüksek mikrodalgada ısıtarak sulandırın.
- İşlenecek kadar soğuduktan sonra sulandırılmış TVP'ye fasulye, buğday glüteni, barbekü sosu, sıvı duman, biber ve fıstık ezmesini ekleyin.
- Üniform olana ve çekirdeklerin çoğu püre haline gelene kadar ellerinizle ezin.
- 6 beze haline getirin.
- Bu bebekleri mangalda ızgara yapın, ilerledikçe ilave barbekü sosu sürün, her bir taraf için yaklaşık 5 dakika.

36. Arpa Yulaf ve Kereviz köftesi

İÇİNDEKİLER:

- 1 su bardağı konserve tereyağlı fasulye
- ¾ su bardağı bulgur, pişmiş
- ¾ fincan Arpa, pişmiş
- ½ fincan Hızlı yulaf ezmesi, pişmemiş
- 1½ yemek kaşığı Soya sosu
- 2 yemek kaşığı barbekü sosu
- 1 çay kaşığı kuru fesleğen
- ½ su bardağı Soğan, ince kıyılmış
- 1 diş sarımsak, ince kıyılmış
- 1 Sap kereviz, doğranmış
- 1 çay kaşığı Tuz
- zevkinize biber

TALİMATLAR:

- Bir çatal veya patates ezici ile fasulyeleri hafifçe ezin. Tıknaz olmalılar, püre haline getirilmemeliler. Diğer malzemeleri de ekleyip 6 adet beze yapın.
- Tavaya her iki tarafa yağ ve kahverengi köfteler püskürtün.

87. Tempeh ve Soğan köftesi

İÇİNDEKİLER:

- 8 ons tempeh, 1/2 inçlik zarlar halinde kesin
- ¾ bardak doğranmış soğan
- 2 diş sarımsak, kıyılmış
- ¾ su bardağı kıyılmış ceviz
- 1/2 su bardağı eski moda veya çabuk pişen yulaf
- 1 yemek kaşığı kıyılmış taze maydanoz
- 1/2 çay kaşığı kurutulmuş kekik
- 1/2 çay kaşığı kuru kekik
- 1/2 çay kaşığı tuz
- 1/4 çay kaşığı taze çekilmiş karabiber
- 3 yemek kaşığı zeytinyağı
- Dijon hardalı
- Dilimlenmiş kırmızı soğan, domates, marul ve avokado

TALİMATLAR:

- Kaynayan su dolu bir tencerede tempeh'i 30 dakika pişirin. Süzün ve soğuması için kenara alın.
- Bir mutfak robotunda soğan ve sarımsağı birleştirin ve kıyılmış olana kadar işleyin. Soğutulmuş tempeh, ceviz, yulaf, maydanoz, kekik, kekik, tuz ve karabiberi ekleyin. İyice karışana kadar işleyin. Karışımı 4 eşit beze haline getirin.
- Bir tavada, yağı aşırı ısıtın. Burgerleri ekleyin ve iyice pişene ve her iki tarafı da kızarana kadar her bir tarafta yaklaşık 7 dakika pişirin.
- Burgerleri bir çiseleyen hardal ve marul, domates, kırmızı soğan ve avokado ile birleştirin.

88.Karışık Fasulye ve Yulaflı Köfte

İÇİNDEKİLER:

- 1 yemek kaşığı zeytinyağı
- 1 soğan, doğranmış
- 4 diş sarımsak, kıyılmış
- 1 havuç, rendelenmiş
- 1 çay kaşığı öğütülmüş kimyon
- 1 çay kaşığı pul biber
- zevkinize biber
- 15 ons barbunya fasulyesi, durulanır, süzülür ve püre haline getirilir
- 15 ons siyah fasulye, durulanmış, süzülmüş ve püre haline getirilmiş
- 1 yemek kaşığı ketçap
- 2 yemek kaşığı Dijon hardalı
- 2 yemek kaşığı soya sosu
- 1 ½ su bardağı yulaf
- ½ fincan salsa
- 8 marul yaprağı

TALİMATLAR:

- Isıtılmış bir tavaya zeytinyağını ekleyin.
- Soğanı sık sık karıştırarak 2 dakika pişirin.
- Sarımsağı karıştırın. Ardından 1 dakika pişirin.
- Havuç, öğütülmüş kimyon ve kırmızı biberi ekleyin.
- 2 dakika karıştırarak pişirin.
- Havuç karışımını bir kaseye aktarın.
- Püresi fasulye, ketçap, hardal, soya sosu ve yulafı ilave edin.
- Köfte şekli verin.
- Köfteleri her iki tarafta 4 ila 5 dakika ızgara yapın.
- Salsa ve marul ile servis yapın.

39. Tempe & Cevizli Köfte

İÇİNDEKİLER:

- 8 ons tempeh, 1/2 inçlik zarlar halinde kesin
- ¾ bardak doğranmış soğan
- 2 diş sarımsak, kıyılmış
- ¾ su bardağı kıyılmış ceviz
- 1/2 su bardağı eski moda veya çabuk pişen yulaf
- 1 yemek kaşığı kıyılmış taze maydanoz
- 1/2 çay kaşığı kurutulmuş kekik
- 1/2 çay kaşığı kuru kekik
- 1/2 çay kaşığı tuz
- 1/4 çay kaşığı taze çekilmiş karabiber
- 3 yemek kaşığı zeytinyağı
- Dijon hardalı
- Dilimlenmiş kırmızı soğan, domates, marul ve avokado

TALİMATLAR:

- Kaynayan su dolu bir tencerede tempeh'i 30 dakika pişirin. Süzün ve soğuması için kenara alın.
- Bir mutfak robotunda soğan ve sarımsağı birleştirin ve kıyılmış olana kadar işleyin. Soğutulmuş tempeh, ceviz, yulaf, maydanoz, kekik, kekik, tuz ve karabiberi ekleyin. İyice karışana kadar işleyin. Karışımı 4 eşit beze haline getirin.
- Bir tavada, yağı aşırı ısıtın. Burgerleri ekleyin ve iyice pişene ve her iki tarafı da kızarana kadar her bir tarafta yaklaşık 7 dakika pişirin.
- Hamburgerleri hardal ve üstüne marul, domates, kırmızı soğan ve avokado ile toplayın.

90. Macadamia-Kaju Köftesi

İÇİNDEKİLER:
- 1 su bardağı kıyılmış macadamia fıstığı
- 1 su bardağı kıyılmış kaju
- 1 havuç, rendelenmiş
- 1 soğan, doğranmış
- 1 diş sarımsak, kıyılmış
- 1 jalapeño veya başka bir yeşil şili, tohumlanmış ve kıyılmış
- 1 su bardağı eski moda yulaf
- 1 su bardağı kuru baharatsız badem unu
- 2 yemek kaşığı kıyılmış taze kişniş
- 1/2 çay kaşığı öğütülmüş kişniş
- Tuz ve taze çekilmiş karabiber
- 2 çay kaşığı taze limon suyu
- Kızartmak için kanola veya üzüm çekirdeği yağı
- Marul yaprakları ve tercihe göre baharat

TALİMATLAR:
- Bir mutfak robotunda, tatmak için macadamia fıstığı, kaju fıstığı, havuç, soğan, sarımsak, şili, yulaf, badem unu, kişniş, kişniş ve tuz ve karabiberi birleştirin.
- İyice karışana kadar işleyin. Limon suyunu ekleyin ve iyice karışana kadar işleyin. Tadına bakın, gerekirse baharatları ayarlayın. Karışımı 4 eşit beze haline getirin.
- Bir tavada, ince bir yağ tabakasını aşırı ısıtın. Köfteleri ekleyin ve her iki tarafı da kızarana kadar pişirin, toplamda yaklaşık 10 dakika bir kez çevirin.
- Marul ve tercih ettiğiniz çeşnilerle servis yapın.

91.Altın Leblebi Burger

İÇİNDEKİLER:

- 2 yemek kaşığı zeytinyağı
- 1 sarı soğan, doğranmış
- 1/2 sarı dolmalık biber, doğranmış
- 11/2 su bardağı pişmiş nohut
- ¾ çay kaşığı tuz
- 1/4 çay kaşığı taze çekilmiş karabiber
- 1/4 su bardağı buğday gluteni unu
- tercih edilen çeşniler

TALİMATLAR:

- Bir tavada 1 yemek kaşığı yağı kızdırın ve kızdırın. Soğanı ve biberi ekleyin ve yaklaşık 5 dakika yumuşayana kadar pişirin. Hafifçe soğuması için kenara alın.
- Soğutulmuş soğan karışımını bir mutfak robotuna aktarın. Nohut, tuz ve karabiberi ekleyip karıştırın. Unu ekleyin ve birleştirmek için işleyin.
- Karışımı yaklaşık 4 inç çapında 4 burger haline getirin. Karışım çok gevşekse, biraz daha un ekleyin.
- Bir tavada, kalan 2 yemek kaşığı yağı aşırı ısıtın. Burgerleri ekleyin ve sertleşip her iki tarafı da kızarana kadar pişirin, bir kez çevirerek, her tarafta yaklaşık 5 dakika.
- Burgerleri dilediğiniz çeşnilerle servis edin.

92.Körili Nohut Köftesi

İÇİNDEKİLER:

- 3 yemek kaşığı zeytinyağı
- 1 soğan, doğranmış
- 11/2 çay kaşığı sıcak veya hafif köri tozu
- 1/2 çay kaşığı tuz
- 1/8 çay kaşığı öğütülmüş kırmızı biber
- 1 su bardağı haşlanmış nohut
- 1 yemek kaşığı kıyılmış taze maydanoz
- 1/2 su bardağı buğday gluteni unu
- 1/3 su bardağı kuru baharatsız badem unu
- Lahana Yaprakları
- 1/4-inç dilimler halinde kesilmiş 1 olgun domates

TALİMATLAR:

- Bir tavada 1 yemek kaşığı yağı kızdırın ve kızdırın. Soğanı ekleyin, örtün ve yumuşayana kadar 5 dakika pişirin. 1 çay kaşığı köri tozu, tuz ve kırmızı biberi ilave edip ocaktan alın. Kenara koyun.
- Bir mutfak robotunda nohut, maydanoz, buğday gluteni unu, badem unu ve pişmiş soğanı birleştirin. Birleştirme işlemi, biraz doku bırakarak.
- Nohutlu karışımdan 4 eşit beze yapın ve kenarda bekletin.
- Bir tavada, kalan 2 yemek kaşığı yağı aşırı ısıtın. Köfteleri ekleyin, üzerini kapatın ve her iki tarafı da bir kez çevirerek, her tarafı yaklaşık 5 dakika kızarana kadar pişirin.
- Bir kapta, kalan 1/2 çay kaşığı köri tozunu mayonez ile birleştirin ve karıştırın. karışır.
- Burgeri marul ve domates dilimleri ile servis edin.

93.Mayonezli Barbunya Köftesi

İÇİNDEKİLER:

- 1 1/2 su bardağı pişmiş barbunya fasulyesi
- 1 arpacık soğan, kıyılmış
- 1 diş sarımsak, kıyılmış
- 2 yemek kaşığı kıyılmış taze kişniş
- 1 çay kaşığı Creole baharatı
- 1/4 su bardağı buğday gluteni unu
- Tuz ve taze çekilmiş karabiber
- 1/2 su bardağı kuru baharatsız badem unu
- 2 çay kaşığı taze limon suyu
- 1 serrano şili, tohumlanmış ve kıyılmış
- 2 yemek kaşığı zeytinyağı
- Kıyılmış marul
- 1/4-inç dilimler halinde kesilmiş 1 domates

TALİMATLAR:

- Fazla nemi emmek için fasulyeleri kağıt havluyla kurulayın. Bir mutfak robotunda, tadına bakmak için fasulye, arpacık soğanı, sarımsak, kişniş, Creole çeşnisi, un ve tuz ve karabiberi birleştirin. İyice karışana kadar işleyin.
- Karışımı 4 eşit köfte haline getirin, gerekirse daha fazla un ekleyin. Köfteleri badem ununa bulayın. 20 dakika soğutun.
- Bir kasede mayonez, limon suyu ve serrano şili birleştirin. Tat vermek için tuz ve karabiber ekleyin, iyice karıştırın ve servis yapmaya hazır olana kadar buzdolabında saklayın.
- Bir tavada, yağı aşırı ısıtın. Köfteleri ekleyin ve her iki tarafı da yaklaşık 5 dakika kızarana ve çıtır çıtır olana kadar pişirin.

- Köfteleri marul ve domatesle servis edin.

94.Mercimek pirinç burger ile

İÇİNDEKİLER:

- ¾ bardak mercimek
- 1 Tatlı patatesler
- 10 taze ıspanak yaprakları
- 1 fincan Taze mantar, doğranmış
- ¾ bardak badem unu
- 1 çay kaşığı tarhun
- 1 çay kaşığı Sarımsak tozu
- 1 çay kaşığı maydanoz gevreği
- ¾ bardak Uzun taneli pirinç

TALİMATLAR:

- Pirinci pişene ve hafif yapışkan olana kadar ve mercimekleri yumuşayana kadar pişirin. Hafifçe soğutun.
- Soyulmuş bir tatlı patatesi ince ince kıyın ve yumuşayana kadar pişirin. Hafifçe soğutun.
- Ispanak yaprakları yıkanmalı ve ince kıyılmalıdır.
- Tüm malzemeleri ve baharatları karıştırın, tatmak için tuz ve karabiber ekleyin.
- 15-30 dk buzdolabında dinlendirin.
- Köfte haline getirin ve bir tavada soteleyin veya bir açık hava ızgarasında sebze ızgarasında yapılabilir.
- Bu burgerler yapışma eğiliminde olacağından, bir tavayı Pam ile yağladığınızdan veya püskürttüğünüzden emin olun.

95.Shiitake ve Yulaf Böreği

İÇİNDEKİLER:

- 8 ons Haddelenmiş yulaf
- 4 ons vegan mozzarella peyniri
- 3 ons Shiitake mantarı doğranmış
- 3 ons Beyaz soğan doğranmış
- 2 diş kıyılmış sarımsak
- 2 ons kırmızı biber doğranmış
- 2 ons kabak zar

TALİMATLAR:

- Tüm malzemeleri bir mutfak robotunda birleştirin.
- Malzemeleri kabaca birleştirmek için açma/kapama düğmesine basın .
- Fazla karıştırmayın. Son karıştırma elle yapılabilir. Dört onsluk köfteler haline getirin.
- Bir tavaya bir miktar zeytinyağı eklenir.
- Tava ısınınca köfteyi ekleyin.
- Taraf başına bir dakika pişirin.

96.yulaf , Bir yumurta ve mozzarella köftesinde

İÇİNDEKİLER:

- ½ bardak Yeşil soğan, doğranmış
- ¼ su bardağı doğranmış yeşil biber
- ¼ fincan Maydanoz, kıyılmış
- ¼ çay kaşığı Beyaz biber
- 2 diş sarımsak, doğranmış
- ½ fincan Vegan Mozzarella peyniri, rendelenmiş
- ¾ bardak Kahverengi pirinç
- ⅓ su bardağı su veya beyaz şarap
- ½ su bardağı havuç, rendelenmiş
- ⅔ bardak Soğan, doğranmış
- 3 Kereviz sapı, doğranmış
- 1¼ çay kaşığı Baharat tuzu
- ¾ çay kaşığı Kekik
- ½ fincan Vegan Cheddar peyniri, rendelenmiş
- 2 bardak hızlı yulaf
- ¾ su bardağı bulgur

TALİMATLAR:

- Pirinç ve bulgur buğdayını pişirin.
- Kapalı bir tavada bir veya iki kez karıştırarak sebzeleri 3 dakika kavurun.
- İyice süzün ve peynir hafifçe eriyene kadar pirinç ve peynirle karıştırın.
- Kalan malzemeleri karıştırın.
- 4 onsluk köfteler haline getirin.
- Pişirme spreyi kullanarak ızgarada her biri yaklaşık 10 dakika pişirin.
- Ana yemek olarak servis yapın.

97.Cevizli ve sebzeli köfte

İÇİNDEKİLER:

- ½ kırmızı soğan
- 1 kereviz kabuğu
- 1 havuç
- ½ kırmızı dolmalık biber
- 1 su bardağı Ceviz, kavrulmuş, öğütülmüş
- ½ fincan panko
- ½ fincan Orzo makarna
- 2 vegan yumurta ikamesi
- Tuz ve biber
- avokado dilimleri
- Kırmızı soğan dilimleri
- Kedicik
- Hardal

TALİMATLAR:

- Soğan kereviz, havuç ve kırmızı dolmalık biberi yağda yumuşayana kadar soteleyin
- Sarımsak, fındık, kırıntıları ve pirinci ekleyin. Köfte haline getirin.
- Altın olana kadar yağda kızartın.
- Bir kasede birleştirin.

98. Faslı Yam Sebzeli Burgerler

İÇİNDEKİLER:

- 1,5 su bardağı rendelenmiş yam
- 2 diş sarımsak, soyulmuş
- $\frac{3}{4}$ bardak taze kişniş yaprağı
- 1 parça taze zencefil, soyulmuş
- 15 ons nohut konservesi, süzülmüş ve durulanmış
- 3 yemek kaşığı su ile karıştırılmış 2 yemek kaşığı öğütülmüş keten
- $\frac{3}{4}$ su bardağı yulaf ezmesi, un haline getirilmiş
- $\frac{1}{2}$ yemek kaşığı susam yağı
- 1 yemek kaşığı hindistancevizi aminosu veya düşük sodyumlu tamari
- $\frac{1}{2}$-$\frac{3}{4}$ çay kaşığı ince taneli deniz tuzu veya pembe Himalaya tuzu, tatmak için
- Tatmak için taze çekilmiş karabiber
- 1 $\frac{1}{2}$ çay kaşığı toz biber
- 1 çay kaşığı kimyon
- $\frac{1}{2}$ çay kaşığı kişniş
- $\frac{1}{4}$ çay kaşığı tarçın
- $\frac{1}{4}$ çay kaşığı zerdeçal
- $\frac{1}{2}$ su bardağı kişniş-kireç tahin sosu

TALİMATLAR:

- Fırını 350F'ye ısıtın. Bir fırın tepsisine bir parça parşömen kağıdı koyun.
- Yamı soyun. Normal boyuttaki rende deliğini kullanarak, hafifçe paketlenmiş 1 $\frac{1}{2}$ bardak elde edene kadar yamı rendeleyin. Bir kaseye yerleştirin.
- Rende ataşmanını mutfak robotundan çıkarın ve normal "s" bıçağını ekleyin. Sarımsak, kişniş ve zencefili ince ince doğrayın.

- Süzülmüş nohutları ekleyin ve ince kıyılmış olana kadar tekrar işleyin, ancak biraz doku bırakın. Bu karışımı bir kaseye alın.
- Bir kapta keten ve su karışımını karıştırın.
- Yulafı bir blender veya mutfak robotu kullanarak un haline getirin. Veya ¾ su bardağı + 1 yemek kaşığı önceden öğütülmüş yulaf unu kullanabilirsiniz. Bunu keten karışımı ile birlikte karışıma karıştırın.
- Şimdi iyice birleşene kadar yağı, aminoları/tamariyi, tuzu/biberi ve baharatları ilave edin. İsterseniz tadı ayarlayın.
- 6-8 köfteyi şekillendirin, karışımı sıkıca birbirine sarın. Bir fırın tepsisine yerleştirin.
- 15 dakika pişirin, ardından dikkatlice çevirin ve altın rengi ve sertleşene kadar 18-23 dakika daha pişirin. Serin Bay

99. Mercimek, fıstık ve shiitake burger

İÇİNDEKİLER:
BURGERLER İÇİN
- 3 arpacık soğan, doğranmış
- 2 çay kaşığı zeytinyağı
- ½ su bardağı siyah mercimek, durulanmış
- 6 adet kurutulmuş şitaki mantarı kapağı
- ½ bardak antep fıstığı
- ¼ fincan kıyılmış taze maydanoz
- ¼ fincan vital buğday glüteni
- 1 yemek kaşığı Ener-G, ⅛ su bardağı su ile çırpılmış
- 2 çay kaşığı kurutulmuş adaçayı
- ½ çay kaşığı tuz
- ¼ çay kaşığı kırık biber

PATATES İÇİN
- 3 patates, soyulmuş ve ince doğranmış
- kızartmak için bitkisel yağ
- tuz

TALİMATLAR:
- Üç bardak suyu kaynatın. Suyun ısınmasını beklerken ayrı bir sote tavasına doğranmış arpacık soğanları sıvı yağ ile atıp kısık ateşte soteleyin.
- Su kaynamaya başlayınca mercimekleri ve kuru shiitake kapaklarını ekleyin ve pişirme sırasında biraz buhar çıkabilmesi için tencerenin kapağını kapatın. 18-20 dakika kaynatın, ardından süzülmeleri ve soğumaları için ince gözenekli bir süzgecin içine dökün. Soğuduktan sonra, shiitake'yi mercimeklerden çıkarın ve sert sapları atarak küp küp doğrayın.
- Antep fıstığını bir mutfak robotuna koyun ve kabaca öğütün. Bu zamana kadar arpacıklarınız güzelce karamelize

edilmiş olmalıdır. Arpacık soğanları, mercimekleri, doğranmış shiitake kapaklarını, antep fıstığını ve maydanozu bir kaseye ekleyin ve iyice birleşene kadar karıştırın. Hayati buğday glütenini ekleyin ve karıştırın.

- Şimdi su/Energ-G karışımını ekleyin ve glutenin oluşmasını sağlamak için güçlü bir çatalla yaklaşık iki dakika karıştırın. Şimdi adaçayı, tuz ve karabiberi ekleyin ve iyice birleşene kadar karıştırın. Daha sonra karışımı birkaç saat buzdolabına koyabilir veya hamburgerleri hemen kızartabilirsiniz.
- Hamburgerleri kızartmak için, şekillendirirken karışımı hafifçe sıkarak köfte haline getirin. Biraz zeytinyağı ile bir sote tavasında her iki tarafını 2-3 dakika veya hafifçe kızarana kadar kızartın.
- Kızartmaları yapmak için bir tencereye birkaç inç bitkisel yağ koyun. Yüksek ateşte ısıtın.
- Gruplar halinde kızartın.
- Kıtırlaşana kadar yaklaşık 4-5 dakika kızartın ve ısıya dayanıklı maşa ile yağdan çıkarın.
- Boşaltmak için kağıt havlulara aktarın ve hemen biraz tuz serpin.

100.Yüksek Proteinli Vegan Burgerler

İÇİNDEKİLER:

- 1 su bardağı dokulu bitkisel protein
- ½ su bardağı pişmiş kırmızı barbunya
- 3 yemek kaşığı yağ
- 1 yemek kaşığı akçaağaç şurubu
- 2 yemek kaşığı domates salçası
- 1 yemek kaşığı soya sosu
- 1 yemek kaşığı besin mayası
- ½ çay kaşığı öğütülmüş kimyon
- Her biri ¼ çay kaşığı: kırmızı biber tozu, sarımsak tozu, soğan tozu, kekik
- ⅛ çay kaşığı sıvı duman
- ¼ bardak su veya pancar suyu
- ½ su bardağı vital buğday glüteni

TALİMATLAR:

- Bir tencereye su kaynatın. Kaynattıktan sonra dokulu bitkisel proteini ekleyin ve 10-12 dakika kaynamaya bırakın. TVP'yi boşaltın ve birkaç kez durulayın. Fazla nemi çıkarmak için TVP'yi ellerinizle sıkın.
- Bir mutfak robotunun kasesine pişmiş fasulye, yağ, akçaağaç şurubu, salça, soya sosu, besin mayası, baharatlar, sıvı duman ve suyu ekleyin. Gerekirse kenarları kazıyarak 10-20 saniye işleyin ve bir püre oluşana kadar tekrar işleyin. Tamamen pürüzsüz olması gerekmez.
- Sulandırılmış TVP'yi ekleyin ve 7-10 saniye veya TVP çok ince bir şekilde doğranana kadar işleyin, karışım Bolognese sosu gibi görünmelidir. Büyük TVP parçalarına sahip olmak istemezsiniz, aksi takdirde burgerler iyi bir arada olmaz.

- Karışımı bir karıştırma kabına aktarın ve hayati önem taşıyan buğday glütenini ekleyin. Önce bir tahta kullanarak karıştırın ve ardından gluteni geliştirmek için ellerinizle 2-3 dakika yoğurun. Karışım yumuşak olmalı ve hafif bir elastikiyete sahip olmalıdır.
- Karışımı 3'e bölüp bezeler yapın. Her burgeri dikkatlice parşömen kağıdına ve ardından alüminyum folyoya sarın.
- Sarılı burgerleri bir düdüklü tencereye koyun (üst üste koyabilirsiniz) ve 1 saat 20 dakika boyunca basınçlı pişirin. Set üstü düdüklü tencere veya Instant Pot kullanabilirsiniz.
- Pişirdikten sonra burgerleri açın ve 10 dakika soğumaya bırakın. Artık burgerleri biraz yağda her iki tarafta altın rengi kahverengi olana kadar tavada kızartabilirsiniz.
- Burgerler buzdolabında 4 güne kadar saklanacaktır. Buzdolabında biraz sertleşirler, ancak ısıtıldığında yumuşarlar.

ÇÖZÜM

Bu lezzetli yolculuğun sonuna gelmişken, umarız "Bahçeden Tabağa: Sebze Köfte Yemek Tarifleri Kitabı" sebze köftelerinin lezzetlerini ve dokularını kendi mutfağınızda kucaklamanız için size ilham vermiştir. Sebze köfteleri, geleneksel köftelere besleyici ve yaratıcı bir alternatif sunuyor ve sizi bu çok yönlü yemeği keşfetmeye ve denemeye devam etmeye davet ediyoruz.

Bu yemek kitabında paylaşılan tarifler ve tekniklerle, hem lezzetli hem de besleyici sebze köfteleri yapmak için gereken güveni ve ilhamı kazandığınızı umuyoruz. İster ana yemek olarak yiyin, ister makarna yemeklerine ekleyin, ister sandviçlere veya dürümlere ekleyin, her lokma size sağlıklı ve lezzetli bir yemeğin tatminini getirebilir.

Bu nedenle, kendi sebze köftesi maceralarınıza atılırken, size lezzetli tarifler, yardımcı ipuçları ve mutfak keşfi duygusu sağlayan "Bahçeden Tabağa" güvenilir arkadaşınız olsun. Sebze köftelerinin sunduğu yaratıcılığı, tatları ve besleyiciliği benimseyin ve yarattığınız her yemeğin bitki bazlı bileşenlerin canlı dünyasının bir kutlaması olmasına izin verin.

Fırında veya kızartılmış sebze köftelerinin cezbedici aromaları, cızırdayan iyiliğin sesi, sağlıklı ve lezzetli bitki bazlı yemeklerle vücudunuzu beslemenin keyfi mutfağınıza dolsun. İyi pişirmeler, sebzeli köfteleriniz sofralarınıza doyum ve lezzet getirsin!

www.ingramcontent.com/pod-product-compliance
Lightning Source LLC
LaVergne TN
LVHW021706060526
838200LV00050B/2528